Lebenswerke

Kloster Stift
zum Heiligengrabe

Impressum

Bonn 2002

Herausgeber: Kloster Stift zum Heiligengrabe (Simone Oelker / Astrid Reuter) und Deutsche Stiftung Denkmalschutz, Bonn

Redaktion: Simone Oelker, Astrid Reuter, Heiligengrabe

Verlag: Monumente Publikationen der Deutschen Stiftung Denkmalschutz, Koblenzer Straße 75, 53177 Bonn. Leitung: Gerlinde Thalheim. Satz: Rüdiger Hof, Bonn. Druck: Druckerei Plump, Rheinbreitbach.

Die Deutsche Bibliothek – CIP-Einheitsaufnahme:

Lebenswerke : Frauen im Kloster Stift zum Heiligengrabe zwischen 1847 und 1945 / Hrsg.: Kloster Stift zum Heiligengrabe ; Deutsche Stiftung Denkmalschutz. Beitr. von Sophie Gräfin zu Dohna-Schlobitten, Wolfgang Dost, Simone Oelker, Astrid Reuter, Ursula Röper, Christa Stache. – Bonn : Dt. Stiftung Denkmalschutz, Monumente Publ., 2002

ISBN 3-935208-19-7

Lebenswerke

Frauen im Kloster Stift zum Heiligengrabe zwischen 1847 und 1945

Herausgegeben im Auftrag des
Kloster Stift zum Heiligengrabe
von Simone Oelker und Astrid Reuter
sowie von der
Deutschen Stiftung Denkmalschutz

MONUMENTE Publikationen
der Deutschen Stiftung Denkmalschutz

Begleitheft zur Ausstellung
„Lebenswerke. Frauen im Kloster Stift zum Heiligengrabe zwischen 1847 und 1945“

Veranstalter: Kloster Stift zum Heiligengrabe

Konzeption: Simone Oelker, Astrid Reuter

Beirat: Prof. Dr. Ernst Badstübner, Dr. Sophie Gräfin zu Dohna-Schlobitten, Dr. Felix Escher, Prof. Dr. Helene Kleine, Dr. Ursula Röper, Äbtissin Dr. Friederike Rupprecht, Stiftspropst Christoph Telschow

Ausstellungsgestaltung: hollenbeck | plato, Köln

Plakat/Flyer: Christine Bokelmann, Berlin

Konservatorische Betreuung: Kerstin Häußermann

Versicherung: ECCLESIA Versicherungsdienst GmbH

Gefördert mit Mitteln des Ministeriums für Wissenschaft, Forschung und Kultur des Landes Brandenburg

Inhalt

Grußwort

Heiligengrabe ist ein Ort, den zahlreiche starke Frauenpersönlichkeiten bis heute nachdrücklich geprägt und geformt haben.

Eine dieser Frauen, die in besonderer Verbindung zu meiner eigenen Aufgabe als Ministerin, die für das kulturelle Erbe und die Museen zuständig ist, steht, ist die Äbtissin von Rohr (1855–1923). Sie war es, die 1909 den Entschluß faßte, in Heiligengrabe ein Museum zu errichten, um die Regionalgeschichte der Prignitz zu dokumentieren und wichtige frühgeschichtliche Funde der Region für die Öffentlichkeit zu erschließen.

In der beachtlichen Anzahl von 18 Museumsräumen wurden natur- und kulturgeschichtliche Sammlungen sowie kirchengeschichtliche Geräte ausgestellt. Mit diesem weitreichenden Entschluß wurde ein wichtiger Schritt zur Öffnung des Kloster Stift für kulturelle Arbeit insbesondere zur Pflege der Regionalgeschichte gegangen.

Die Zerstörungen der Museumssammlung nach dem Kriegsende 1945 führten zunächst zu einer jahrzehntelangen Zwangspause musealer Arbeit. Jene Bestände, die nicht zerstört oder geraubt wurden, fanden in anderen regionalen Museen Aufnahme. Erst nach 1990 kam noch unter der Äbtissin von Werthern der Gedanke auf, das Museum neu zu beleben. Doch stellten sich zunächst andere dringlichere Aufgaben, vor allem die Sicherung der bedeutenden Bausubstanz des Klosterensembles, die mittlerweile – für Bewohner und Gäste gleichermaßen sicht- und spürbar – gelungen ist.

Mit dem Preußenjahr 2001 und der Ausstellung „Preußens FrauenZimmer“ gelang schließlich ein eindrucksvoller und erfolgreicher Neustart der Museumsarbeit in Heiligengrabe. In diesem Jahr folgt nun der nächste Schritt, der erste Teil der Dauerausstellung zur Geschichte des Kloster Stift kann eröffnet werden. Ich freue mich, hierzu auch mit der finanziellen Unterstützung des Landes einen wichtigen Beitrag geleistet zu haben.

Im Zusammenhang mit der ersten Dauerausstellung im Stiftshauptmannshaus schließt sich wieder der Kreis zur Äbtissin von Rohr, denn sie selbst und ihr Wirken bilden einen wichtigen Baustein der neuen musealen Präsentation zur Geschichte des Ortes. Ich finde es sehr glücklich, daß der Neustart des dauerhaften Museumsbetriebs unter anderem mit einer Würdigung dieser engagierten und erfolgreichen Äbtissin einhergeht.

Meine Grüße zur Bewältigung dieses Meilensteins zur weiteren Öffnung Heiligengrabes für kulturelle Veranstaltungen verbinde ich mit der Hoffnung, daß der eingeschlagene Weg mit Erfolg und Konsequenz fortgeführt werden kann – wohl wissend, daß die kulturelle Dimension des Ortes nur einen Aspekt dieses bis heute lebendigen Ortes vor allem des geistlichen Lebens umfaßt.

Schließen möchte ich mit einem Zitat aus dem Nachruf der Äbtissin von Rohr, das ihre Museumsarbeit besonders eindringlich charakterisiert:

„Ihr war unser Heimatmuseum keine tote Sammlung geschichtlicher oder vorgeschichtlicher Denkwürdigkeiten. Ihr war es Sprache. ... Eine Volkshochschule war es ihr, aus lebendigen Zusammenhängen entstanden und immer wieder mitten hinein in das Leben führend."

Prof. Dr. Johanna Wanka
Ministerin für Wissenschaft, Forschung und Kultur
des Landes Brandenburg

Grußwort

Die Evangelische Kirche der Union und das Kuratorium des Kloster Stift zum Heiligengrabe haben mit großer Freude wahrgenommen, welches Echo die Ausstellung „Preußens FrauenZimmer" im vergangenen Jahr gefunden hat. Unter dem Titel „Lebenswerke" knüpft die Ausstellung 2002 an diese vorherige an. Sie wendet sich der Tätigkeit von Frauen im Kloster Stift zum Heiligengrabe in der Zeit von 1847 und 1945 zu.

Unter den Epochen der Geschichte des Kloster Stift zum Heiligengrabe nach der Reformation ragt diese Zeit in einzigartiger Weise heraus. Zwar hatte schon Friedrich Wilhelm III. einschneidende Pläne für die geistliche und diakonische Erneuerung und Profilierung des Stiftes entwickelt. Aber erst sein Sohn, Friedrich Wilhelm IV., fand in der Äbtissin Luise von Schierstedt jene ideale Partnerin, durch deren Initiative, Tat- und Durchsetzungskraft mit der Gründung einer Schule für Töchter aus dem verarmten preußischen Adel, der Einrichtung einer Armenspeisung und eines Waisenhauses ein neues Zeitalter im Kloster Stift zum Heiligengrabe beginnen sollte. Die folgenden Äbtissinnen konnten dieses Werk festigen und durch eine Museumsgründung ergänzen. Ihnen gelang es in der Zeit des Nationalsozialismus, den Fortbestand der Schule erfolgreich zu verteidigen, bis das Ende des Zweiten Weltkrieges alle diese Arbeitsfelder zum Erliegen brachte.

Nach 1945 haben die Friedenshortdiakonissen für die Dauer von 50 Jahren das Leben im Kloster Stift durch ihre diakonische Arbeit geprägt. Die Tätigkeit der Äbtissin Ingeborg Maria von Werthern sorgte in schwieriger Zeit für die Kontinuität in der Geschichte des Stifts. Aber erst nach der Wende von 1989 konnte neu konzeptionell geplant werden. Dabei war die Entscheidung für den Aufbau eines Segments „Museum" sehr schnell gefallen. Nicht ein Heimatmuseum sollte entstehen, sondern eines, das dem übergreifenden Thema „Kirche und Frauen" gewidmet ist. Die Ausstellung 2002 bildet den Anfang.

Wir alle wissen, daß mit dem Aufbau des Museums im ehemaligen Stiftshauptmannshaus das gewaltige Ensemble des Kloster Stift zum Heiligengrabe mit der Abtei im Zentrum, den Häusern am Damenplatz und dem Gutshof, dem in den achtziger Jahren entstandenen Gästehaus noch nicht annähernd ausgefüllt ist. Deshalb sind parallele Unternehmungen zur Revitalisierung des Kloster Stift zum Heiligengrabe im Gange, so z. B. die Überlegungen zum möglichen Aufbau einer „Jugendbauhütte® der Deutschen Stiftung Denkmalschutz“ zur handwerklichen Ausbildung von jungen Menschen für die Restaurierung denkmalswerter Gebäude.

Zugleich soll der Konvent der Stiftsfrauen erweitert werden. Im Mittelpunkt steht der Wiederaufbau der Abtei als geistliches Zentrum entsprechend dem durch die Tradition gegebenen und weiterhin gültigen Leitwort „Bete und arbeite“. Das Museum und alle anderen Bereiche sollen sich der geistlichen Mitte des Klosters zuordnen und gerade dadurch die Bedeutung Heiligengrabes als Kulturstandort in der Prignitz unterstreichen.

Wir danken denen, die an der konzeptionellen Planung und Vorbereitung der Ausstellung 2002 wesentlichen Anteil hatten. Es sind Frau Dr. Simone Oelker-Czychowski und Frau Dr. Astrid Reuter. Frau Dr. Ursula Röper danken wir für die fachliche Beratung im Rahmen des Museumsaufbaus. Zugleich danken wir der Landesregierung Brandenburg und dem Verein zur Förderung und Erhaltung des Klosters Stift zum Heiligengrabe e.V. für beachtliche Zuschüsse zur Verwirklichung des Projektes. Uns allen sei ein breites Interesse der Öffentlichkeit für das Kloster Stift zum Heiligengrabe gewünscht.

Wilhelm Hüffmeier

Dr. Dr. h.c. Wilhelm Hüffmeier
Leiter der Kirchenkanzlei der EKU
Vorsitzender des Kuratoriums des
Kloster Stift zum Heiligengrabe

Friederike Rupprecht

Dr. Friederike Rupprecht
Äbtissin des Kloster Stift
zum Heiligengrabe

Dank

Wir danken dem Ministerium für Wissenschaft, Forschung und Kultur des Landes Brandenburg für die finanzielle Unterstützung des Ausstellungsprojekts.

Wir danken für weitere Unterstützung der Evangelischen Kirche der Union – insbesondere dem Präsidenten der Kirchenkanzlei Dr. Dr. h.c. Wilhelm Hüffmeier – und dem Verein zur Förderung und Erhaltung des Klosters Stift zum Heiligengrabe, insbesondere Dr. Sophie Gräfin zu Dohna-Schlobitten, Eleonore von Joest, Nora Neese, Theodore Radtke, Ingeborg von Schönermark und allen weiteren ehemaligen Stiftsschülerinnen, die unsere Arbeit begleitet haben.

Wir danken den Sponsoren: der Kronotex GmbH & Co KG, vertreten durch Robert Wanger, und dem Zahnradwerk Pritzwalk GmbH, vertreten durch Heiner van de Loo.

Wir danken allen Leihgebern, dem Brandenburgischen Landesamt für Denkmalpflege und Archäologischen Landesmuseum Wünsdorf, den Museen Alte Bischofsburg Wittstock, dem Kreisarchiv Neuruppin und dem Kreisheimatmuseum Perleberg.

Wir danken allen Forschungsinstitutionen und ihren Mitarbeiterinnen und Mitarbeitern, die uns bei den Recherchen unterstützt haben.

Wir danken allen denjenigen, die uns während der Vorbereitung der Ausstellung unterstützt haben: Reinhild von Capitaine, Dr. Wolfgang Dost, Gerhard Fenske, Rose Geiger, Gunther von Gersdorff, Dr. Christian Hirte, Barbara Rose, Dr. Ursula Röper, Dieter Schmidt, Christa Schwede, Dr. Regina Smolnik und Reinhard Spieß.

Wir danken dem Bundesministerium des Inneren, dem Land Brandenburg, der Deutschen Stiftung Denkmalschutz, der Evangelischen Kirche der Union und dem Verein zur Förderung und Erhaltung des Klosters Stift zum Heiligengrabe für die Förderung bei der Sanierung des heutigen Museumsgebäudes, dem ehemaligen Stiftshauptmannshaus.

Simone Oelker / Astrid Reuter

Lebenswerke

Frauen im Kloster Stift zum Heiligengrabe zwischen 1847 und 1945

Zu allen Zeiten seiner Geschichte ist das Kloster Stift zum Heiligengrabe ein Ort des Lebens und Wirkens von Frauen gewesen. 1287 als Zisterzienserinnenkloster gegründet, wurde es infolge der Reformation evangelisch und unter Friedrich II. zum Damenstift erhoben. In der Heiliggrabkapelle sind die Namen der Äbtissinnen und Dominae, die das Kloster Stift in nachreformatorischer Zeit prägten, in einem umlaufenden Ornamentband festgehalten.

Die geplante Dauerausstellung im Kloster Stift zum Heiligengrabe will der Geschichte dieser Frauen an ihrem Wirkungsort nachgehen. Der erste Teil beschäftigt sich mit der Zeit zwischen 1847 und 1945. In diesen 100 Jahren legten einzelne Äbtissinnen neue Ziele und Aufgaben für das Kloster Stift fest. So trug Äbtissin Luise von Schierstedt (Amtszeit 1843–1876) die Ideen und Anliegen ihrer Zeit in das Kloster Stift hinein. Sie richtete ein Waisenhaus, eine Armenspeisung und eine Erziehungsanstalt für adelige Mädchen im Kloster Stift ein und machte damit aus der Versorgungseinrichtung für unverheiratete Frauen wieder einen Ort sozialen Wirkens. Die Auswahl der Stiftsdamen hing fortan im wesentlichen von ihren fachlichen und erzieherischen Fähigkeiten ab. Sie sollten junge Mädchen zu Lehrerinnen und Gouvernanten ausbilden und ihnen somit eine Lebensperspektive aufzeigen, die sie unabhängiger von ihrem familiären Umfeld machte. Durch diese Neubestimmung seiner Aufgaben schaffte das Damenstift die Grundlage für eine Berufstätigkeit, nach der zahlrei-

Namenszug der Äbtissin Luise von Schierstedt in der Heiliggrabkapelle, 1904

che Frauen im 19. Jahrhundert strebten. Mit besonderer Unterstützung von König Friedrich Wilhelm IV. und Königin Elisabeth setzte Äbtissin von Schierstedt die Reorganisation des Stiftes gegen alle internen Widerstände durch.

Die enge Verbindung von Herrscherhaus und Stift bestand auch in der Folgezeit. Zum Preußenjubiläum 1901 übergab Kaiser Wilhelm II. der amtierenden Äbtissin Adolphine von Rohr (Amtszeit 1899–1923) einen Äbtissinnenstab als sichtbares Zeichen seiner Wertschätzung und veranlaßte kurz darauf die Erneuerung der Innenausstattung der Heiliggrabkapelle. In den Wandmalereien aus dem Jahr 1904 sind Szenen aus der Klostergeschichte dargestellt, die den Einfluß der jeweils regierenden Fürsten auf Heiligengrabe zeigen. Ein Fries mit den Äbtissinnennamen der nachreformatorischen Zeit bildet das raumverbindende Element.

Wenige Jahre nach der Ausmalung der Kapelle förderte Äbtissin von Rohr im Jahr 1909 die Gründung eines Museums in der Klausur. Im Vordergrund stand nun nicht mehr die Klostergeschichte. Präsentiert wurden vielmehr ur- und frühgeschichtliche Fundstücke, Objekte, die von der Kultur- und Naturgeschichte der Region erzählen. Mit seinen Museumsaktivitäten gewann das Kloster Stift für die Region an Bedeutung. Es entstand eine umfangreiche Sammlung, zu der die Bewohner der Prignitz mit zahlreichen eigenen Stücken beitrugen. In dieser regen Sammeltätigkeit und in der Gründung zahlreicher Heimatmuseen spiegelt sich das allgemeine Geschichtsbewußtsein des ausgehenden 19. Jahrhunderts wider, das sich in der Zeit der zunehmenden Industrialisierung und der Reichseinigung herausbildete.

Die Amtszeiten der nachfolgenden Äbtissinnen Elisabeth von Saldern (Amtszeit 1924–1938) und Armgard von Alvensleben (Amtszeit 1938–1945) sind maßgeblich von dem

Die Namenszüge der Äbtissinnen und Dominae sind in der Heiliggrabkapelle als durchlaufender Fries gestaltet.

politischen Umbruch seit 1933 geprägt. Beide kannten die Erziehungsanstalt bereits bei ihrem Amtsantritt sehr gut. Während Elisabeth von Saldern einige Jahre als Lehrerin in der Stiftsschule beschäftigt war, hatte Armgard von Alvensleben das Kloster Stift als Schülerin kennengelernt. Beide Frauen bemühten sich, die Schule und das Internat auch in der Zeit des Nationalsozialismus weiterzuführen. Sie stießen dabei nicht nur auf äußeren Widerstand, sondern sahen sich auch mit internen Konflikten konfrontiert. Der Stiftspfarrer und zugleich Schulleiter Karl Oestreich sympathisierte mit der NSDAP, und die Stiftsdame Annemarie von Auerswald, die das Museum betreute, war aktive Parteigenossin. Die Situation spitzte sich soweit zu, daß nur die Unterstützung bekannter Persönlichkeiten, die dem Nationalsozialismus nahestanden, die Schule retten konnte. Dem diplomatischen Geschick der beiden Äbtissinnen ist es zu verdanken, daß die Schule nicht in den der SS unterstellten Verband der Deutschen Heimschulen eingegliedert wurde. Darüber hinaus stellten die Kriegsereignisse, die schlechte Versorgungslage und der Zustrom zahlreicher Flüchtlinge das Kloster Stift vor immer neue Bewährungsproben. 1945 kam es zur Auflösung der Schule, und Äbtissin Armgard von Alvensleben verließ Heiligengrabe. Große Teile des Stiftseigentums und der Museumsbestände wurden zerstört oder verschleppt.

Dieser erste Teil der zukünftigen Dauerausstellung stellt die Lebenswerke der genannten Äbtissinnen im Zusammenhang mit den jeweiligen Zeitströmungen vor. Mit Originalen aus eigenen Beständen und Leihgaben aus brandenburgischen Archiven und Museen werden hundert Jahre aus der Geschichte des Kloster Stifts zum Heiligengrabe im ehemaligen Stiftshauptmannshaus und auf dem Gelände gezeigt.

Erneuerung

Mädchenbildung im Damenstift

Die bildungspolitischen Akzente des 19. Jahrhunderts eröffneten den institutionalisierten Zugang zu Bildung und Wissen für Frauen unterschiedlicher Herkunft. So unbeschwert wie dieses Bild es vermittelt, wird der Schulalltag in Heiligengrabe jedoch kaum gewesen sein. K. B., Mädchen vor der Klausur, Aquarell, 1863

Ursula Röper

„Als eine Frau lesen lernte, trat die Frauenfrage in die Welt."

Die Heiligengraber Stiftsschule im bildungspolitischen Kontext des 19. Jahrhunderts

Die Schriftstellerin Marie von Ebner-Eschenbach, die 1880 diesen Aphorismus formulierte, war weder Heiligengraber Stiftsschülerin noch Vorkämpferin der Frauenbewegung. Sie war jedoch wie alle Heiligengraber Stiftsdamen und Schülerinnen adeliger Herkunft und hatte die für diesen Stand übliche Erziehung und Ausbildung erhalten, wie sie im 18. und 19. Jahrhundert nicht nur in österreichischen, sondern auch in preußischen Provinzen verbreitet war. Als Tochter des Freiherrn Dubsky 1830 in Mähren geboren, lernte sie durch Kinderfrauen und Gouvernanten Lesen und Schreiben. Dieser Unterricht fand auf dem väterlichen Gut und nicht in einer Töchterschule oder einem Mädchenpensionat statt. Dabei hatte die kleine Comtesse erlebt, daß die Söhne durch Hauslehrer auf das spätere Universitätsstudium und eine berufliche Tätigkeit vorbereitet wurden, während die Mädchen zwar anfänglich noch mitunterrichtet, dann aber von Gouvernanten auf ihre spätere Rolle als Gattin, Hausfrau und Mutter vorbereitet wurden.

Marie von Ebner-Eschenbach scheint über diese geschlechtsspezifischen Bildungsmöglichkeiten nicht glücklich gewesen zu sein. Im Rückblick schrieb sie: „Wofür würde ich angesehen werden, wenn ich anfangen wollte, Griechisch und Latein zu lernen? Ganz einfach für verrückt. Ich war ja nur ein Mädchen! Himmelhoch türmten sich die Mauern vor mir empor, zwischen denen mein Dichten und Trachten sich zu bewegen hatte, die Mauern, die mich – umfriedeten." Und sie präzisierte: „Umfrieden paßt nur für den Kirchhof, in dem die Toten liegen; Die Lebendigen kommen um den Frieden, wenn man ihnen enge Grenzen setzt."[1] Nicht nur die mährische Schriftstellerin auch viele andere Frauen der höheren Stände waren unglücklich darüber, daß ihrem Bildungshunger und ihren Wünschen nach freier Berufswahl gesellschaftlich solch enge Grenzen gesetzt wurden.

Frauenbildung im 18. Jahrhundert

Das Zeitalter der Aufklärung hatte die Teilhabe der Frauen an Bildung und Ausbildung gefordert, und Pädagogen wie

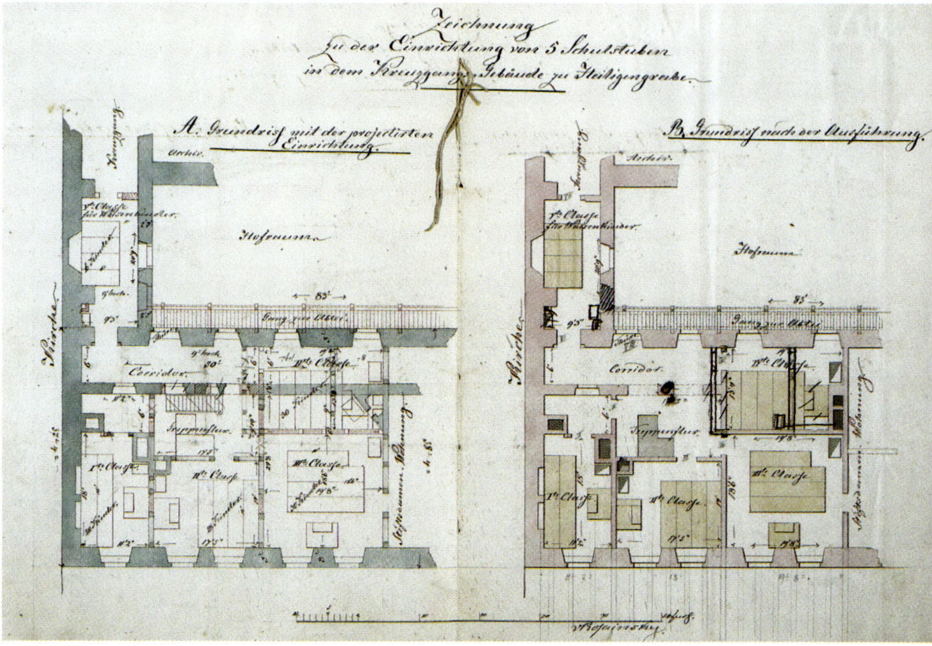

Grundriß zur Einrichtung von fünf Schulstuben in Ost- und Südflügel der Klausur von Heiligengrabe mit der Anordnung der Schulbänke, 1860

Literaten unterbreiteten Vorschläge für den geeigneten Bildungskanon. Unstrittig war bereits zu Beginn des 18. Jahrhunderts, daß Frauen eine angemessene Schulbildung erhalten sollten, was mit der Einführung der Schulpflicht in Preußen im Jahre 1717 auch seine bildungspolitische Bestätigung fand. Damit waren allerdings bei weitem noch keine entsprechenden Einrichtungen wie Schulen und fortführende Ausbildungsmöglichkeiten geschaffen. Erste Schritte in diese Richtung unternahmen engagierte Adelige, die in ihrem Umfeld Schulen gründeten, zu denen Mädchen aller Stände Zugang erhalten sollten. Henriette Katharina von Gersdorf ermutigte beispielsweise den Theologen August Hermann Francke, im Waisenhaus in Halle/Saale eine weiterführende Schule für Töchter, ein „Gynäceum", aufzubauen. Friedrich Eberhard von Rochow wiederum richtete in Reckahn bei Brandenburg „Volksschulen" ein, die auch Töchter von Tagelöhnern besuchen konnten.[2]

Zeitgleich wurde von Pädagogen und Literaten darüber diskutiert, wie wissend und gelehrt Frauen sein sollten und welche gesellschaftliche Rolle gut ausgebildeten Frauen überhaupt zukäme. Denn Hausfrau und Mutter zu sein – daran wurde von niemandem gezweifelt – war und blieb ihre genuin weibliche Aufgabe. Man fragte sich daher, ob nicht die Natur des weiblichen Geschlechtes und darüber hinaus sittliche Gründe einer akademisch ausgebildeten Gelehrsamkeit von Frauen entgegenstünden.

1791 schrieb der Erzieher Joachim Heinrich Campe in seinem berühmt gewordenen „Väterlichen Rath für meine Tochter", daß Frauen als Gattinnen geschaffen seien, „welche der ganzen zweiten Hälfte des menschlichen Geschlechts, der männlichen, welche die größern Beschwerden, Sorgen und Mühseligkeiten zu tragen hat, durch zarte Theilnehmung, Liebe, Pflege und Sorge das Leben versüßen soll", denn so fuhr er fort: Sie seien „Vorsteherinnen des Hauswesens, welche den Wohlstand, die Ehre, die häusliche Ruhe und Glückseligkeit des erwerbenden Gatten sicher stellen, ihm die Sorge der Nahrung erleichtern, und sein Haus zu einer Wohnung des Friedens, der Freude und der Glückseligkeit machen sollen."[3] Die Diskussion um weibliche Bildung und Ausbildung war also zuallererst eine frauenpolitische Frage, wie Marie von Ebner-Eschenbach knapp einhundert Jahre später diese jahrhundertealte Erfahrung in dem eingangs zitierten Aphorismus auf den Punkt brachte.

Die Erziehungsziele für Mädchen und Knaben waren klar definiert und gegeneinander abgegrenzt: Die Knaben benötigten für ihr zukünftiges Berufsleben spezialisiertes Fachwissen, dem durch entsprechende Schulen, Fachausbildungsgänge und Universitäten Rechnung getragen wurde, während von den Mädchen zur Bewältigung ihrer Aufgaben vor allem ein bestimmtes Wesen verlangt wurde. Dieses „Wesen" aber gewannen die Frauen durch Erfahrung, nicht durch schulische Vermittlung.[4] Daher galten weiterführende Ausbildungsstätten für Mädchen auch als nicht erforderlich. Töchterschulen oder private Mädchenpensionate sorgten für die grundlegende Bildung und Erziehung. Die weitere Wesens- und Herzensbildung im Sinne dieser Bildungskonzeption erhielten sie durch Gouvernanten und Anstandsdamen.

Berufsmodelle im 19. Jahrhundert

Wo aber erhielten die Gouvernanten und Erzieherinnen des 19. Jahrhunderts ihre Ausbildung? Helene Lange (1830–1930), die sich als Lehrerin und Vorkämpferin der Frauenbewegung für einen gleichberechtigten Zugang zu Bildung und Wissen für Mädchen einsetzte, kommentierte 1914 in ihren Erinnerungen die Anfänge der Lehrerinnenausbildung: „Am Anfang stehen drei Gestalten, alle mehr oder weniger vom Schicksal mitgenommen: erstens die Gouvernante, die ein armes Fräulein aus guter Familie war, und mit ihren paar Töchterschulkenntnissen den Weg der Entsagung durch fremde Häuser zog; zweitens eine Art Anstandsdame in höheren Mädchenbildungsanstalten, die mit Vorsicht zum Unterrichten herangelassen wurde, deren wesentliche Obliegenheit der Aufsichtsdienst war, und schließlich: eine derbe, harmlose Spieltante, Witwe oder ältere Jungfrau, die den kleinen Kindern den Anfang vom Lesen, Schreiben und Rechnen oft mit urwüchsigen Muttertalenten beibrachte, bis sie der sachgemäßeren und geregelteren Obhut der Schule übergeben wurden. Kandida-

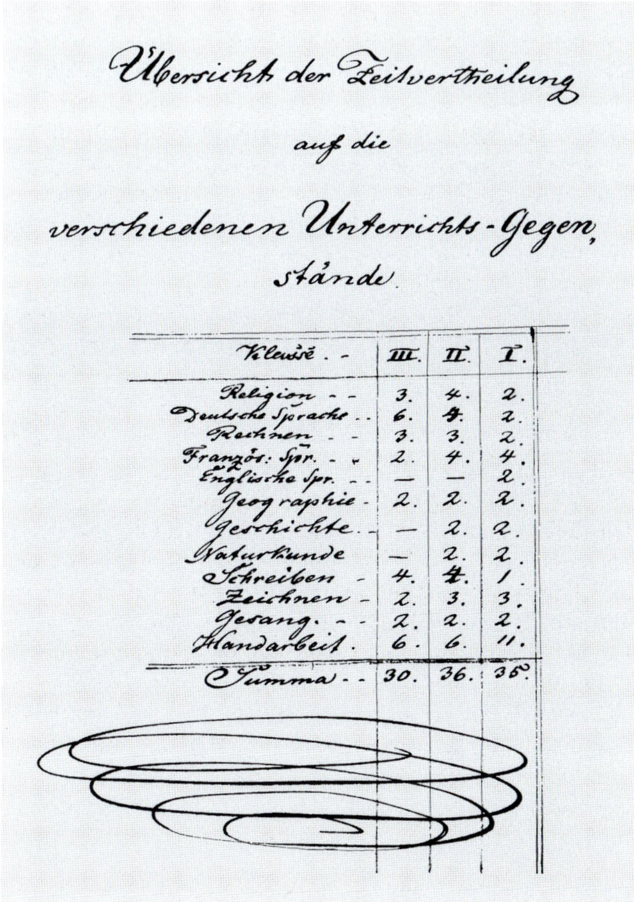

Übersicht der Zeitvertheilung
auf die
verschiedenen Unterrichts-Gegenstände.

Klasse	III.	II.	I.
Religion	3.	4.	2.
Deutsche Sprache	6.	4.	2.
Rechnen	3.	3.	2.
Französ. Spr.	2.	4.	4.
Englische Spr.	—	—	2.
Geographie	2.	2.	2.
Geschichte	—	2.	2.
Naturkunde	—	2.	2.
Schreiben	4.	4.	1.
Zeichnen	2.	3.	3.
Gesang	2.	2.	2.
Handarbeit	6.	6.	11.
Summa	30.	36.	35.

Fächerkanon und Gewichtung der Stunden machen die Bildungsschwerpunkte deutlich. Lehrplan der Erziehungsanstalt in Heiligengrabe, 1855

tinnen für alle drei Posten stellte der gebildete Mittelstand, von den Lehrern- und Landpfarrern- (sic!) bis zu den Töchtern des armen Adels in Scharen."[5] Helene Lange legte klar, daß es zu Beginn des 19. Jahrhunderts trotz aller aufklärerischen Bemühungen von Seiten des Staates kein Interesse an der Einrichtung von entsprechend qualifizierten Ausbildungsstätten für Frauen gab. Dennoch mußten durch die Konsolidierung der bürgerlichen Gesellschaft und damit der Kleinfamilie immer mehr ledig gebliebene Frauen, die früher noch eine Aufgabe in der Großfamilie gefunden hatten, selbst für ihren Unterhalt sorgen. Die meisten von ihnen hatten sich mehr oder weniger mit diesem vorgezeichneten Schicksal abgefunden. Einige aber engagierten sich, entwickelten eigene Vorstellungen und unternahmen erste Schritte, um für Frauen Ausbildungs- und Berufsmöglichkeiten zu schaffen.

So gründete 1803 Johanna Ernestine von Krosigk beispielsweise eines der ersten Erzieherinnenseminare in Preußen. Da sie als geschiedene Frau kein eigenes Vermögen besaß, und der zuständige Minister ihre Anfrage um Unterstützung mit den Worten befürwortete, daß ein solches Institut ein Bedürfnis des Staates sei, konnte sie die ersten sechs Seminaristinnen im Alter von 13 bis 14 Jahren aufnehmen. Die zweijährige Ausbildung enthielt Fächer wie Religion, Geschichte, Geographie, deutsche und französische Sprache, Rechnen, Schreiben, Zeichnen und Handarbeiten. Krosigks vordringlichstes Erziehungsziel war es, „Gehülfinnen würdiger Mütter" in Privathaushalten auszubilden. Als 1810 der preußische König Friedrich Wilhelm III. seine finanzielle Unterstützung einstellte, mußte sie ihr Erzieherinnenseminar nach sieben Jahren schließen.[6]

Der preußische König förderte die Frauenbildung aus sozialpolitischen Überlegungen heraus. Bildnis von Friedrich Wilhelm IV., Marmor, 1898

Mit der Luisenstiftung in Berlin wurde bereits ein Jahr später erneut der Versuch unternommen, eine Lehrerinnenausbildungsstätte zu gründen. Diese private Stiftung, die bis 1928 bestand, basierte auf Plänen der Königin Luise, die sie nicht selbst hatte verwirklichen können. Die Stiftsschule wurde bei ihrer Gründung 1811 von einer Vorsteherin geleitet, der vier Erzieherinnen für 15 Schülerinnen zur Seite standen.[7]

Auch andere Berufs- und Beschäftigungsmodelle – vor allem im karitativen, kirchlichen Bereich – wurden von engagierten Frauen erprobt, wie beispielsweise von der Hamburger Kaufmannstochter Amalie Sieveking (1794–1859). Als 1831 in Hamburg die Cholera ausbrach, ging sie als unbezahlte Pflegerin der Kranken ins Hamburger Hospital und zog damit die Empörung und den Zorn vieler bürgerlicher und adeliger Familien auf sich, die solches Tun als entwürdigend für eine ehrbare Frau ansahen. Amalie Sieveking ging in ihrem Engagement noch weiter: Nach dem Vorbild von Elisabeth Fry (1780–1845) gründete sie einen Verein, der sich der Armen- und Krankenfürsorge widmete und veröffentlichte 1832 im Bergedorfer Boten einen Aufruf an alle Frauen, es ihr gleich zu tun. In der Tat gründeten daraufhin Frauen nach und nach an vielen Orten solche Vereine, in denen sich Interessierte zusammenfanden. Amalie Sievekings Engagement speiste sich aus zwei Quellen: Zum einen engagierte sie sich aus ihrer christlichen Überzeugung heraus, andererseits war sie davon überzeugt, daß es unabdingbar sei, den Frauen „Gelegenheit zu würdiger Berufstätigkeit" zu schaffen.[8]

Das positive Echo vieler Frauen auf Sievekings Aufruf macht deutlich, wie sehr sich verheiratete ebenso wie ledige

Frauen nach einem außerhäuslichen Engagement sehnten. Das Königshaus und die zuständigen Fachminister nahmen dieses Potential und die darin enthaltene Kompetenz zunehmend wahr, denn sie waren mit gesellschaftlichen und sozialpolitischen Problemen konfrontiert, für die sie die Frauen dringend benötigten.

Bildungspolitische Maßnahmen unter Friedrich Wilhelm IV.

Die gesellschaftlichen und wirtschaftlichen Umwälzungen durch Industrialisierung, Napoleonische- und Freiheitskriege bedingt, hatten die soziale Situation großer Bevölkerungsschichten deutlich verschlechtert. Nun mußten sozialpolitische Maßnahmen eingeleitet werden, um die verarmten Massen vor antikirchlichen, revolutionären und sozialistischen Gesinnungen und damit das Land vor innerem Unfrieden zu bewahren.

Der preußische Kronprinz und spätere Friedrich Wilhelm IV. sah die Ursachen der deutlich spürbaren sozialen Spannungen allerdings ausschließlich in der Beeinflussung weiter Teile der Bevölkerung durch aufklärerisches und revolutionäres Denken. Dieses fand aus seiner Sicht nur deshalb so breite Zustimmung, weil viele Pastoren ihrer seelsorgerlichen Pflicht, die eine sittliche Erziehung des Einzelnen vorsah, nicht mehr ausreichend nachkamen. Rechristianisierung durch Mission beziehungsweise christliche Zivilisierung wurde daher als geeignete bildungspolitische Maßnahme gegen Säkularisierungstendenzen der Untertanen angesehen. So wurde beispielsweise von dem Theologen und Gründer des Kaiserswerther Diakonissenwerkes Theodor Fliedner festgestellt: „Wie viele Träume hat doch das Revolutionsjahr 1848 zerstört! Wie wenig hat noch der Sauerteig der wahren Bildung diese Volksmassen durchdrungen! Wieviel Rohheit, Sittenlosigkeit und wilde Empörung gegen göttliche und menschliche Gesetze haben nicht im vorigen Jahre Hunderttausende in vielen deutschen Gauen gezeigt."[9]

Zusammen mit dem Medaillon des Königs befindet sich das der Königin im Kapitelsaal in Heiligengrabe. Bildnis von Königin Elisabeth, Marmor, 1898

Friedrich Wilhelm IV. und seine Fachberater, den Ideen der pietistisch geprägten Erweckungsbewegung nahestehend, erkannten also durchaus den bildungspolitischen Aspekt der sozialen Spannungen in Preußen, sie bevorzugten jedoch für ihre politischen Strategien eine konservative Lösung und hielten ausschließlich eine Reform der protestantischen Kirche für den gegebenen Weg. Am Schluß seiner ersten Ideenskizze einer Kirchenreform erwähnt der König 1840 die „Diakonissinnen, diese uralte quasi Geistlichkeit der Weiber", an deren wiedereingeführtes Amt er zur Neuordnung der Krankenpflege und Gemeindepflege große Erwartungen knüpfe. Eine Reform der adeligen Damenstifte hielt er in diesem Zusammenhang ebenfalls für nötig.[10] Die Frauen wurden in diesem Reformprojekt deshalb berücksichtigt, weil sie einerseits als ausgebildete Diakonissen und Seelsorgerinnen schicklicherweise leichter Zugang zu den Müttern und Familien bekamen als Pastoren, und weil die Politiker die zahlreichen Frauen, die berufstätig sein wollten, aber bisher keine gesellschaftliche Möglichkeit dazu bekamen, für ihre Ziele nutzen wollten.

Bildungspolitische Maßnahmen im sozialen Bereich wurden unter Friedrich Wilhelm IV. also staatlicherseits gefördert, sofern sie gewährleisteten, daß sie in den Frauen und Müttern eine politisch erwünschte, sittliche Gesinnung weckten, die den Obrigkeitsstaat stützte und zugleich nicht den gesellschaftlich festgelegten, geschlechtsspezifischen „Charakter" der Frauen konterkarierten. Vor allem die Gründungen aus dem Umfeld der Inneren Mission wurden daher von der preußischen Regierung unterstützt. So wurden Johann Hinrich Wichern, der das „Rauhe Haus" in Hamburg leitete und Theodor Fliedner, der in Kaiserswerth bei Düsseldorf ein umfangreiches Diakonissenwerk aufbaute, in die sozialpolitischen Beratungen einbezogen. Bestehende soziale Einrichtungen wurden auf ihre entsprechende Reformbedürftigkeit geprüft, so auch das evangelische Damenstift Heiligengrabe. Hier wurde vor allem bemängelt, daß sich unter der bisherigen Äbtissin Henriette von Steinwehr das aufklärerische Denken des 18. Jahrhunderts sehr verbreitet habe und sich die Stiftsdamen viel zu sehr ihren eigenen Interessen und Neigungen zuwenden würden, und ihre Beschäftigungen nur in geringem Maße dem Gemeinwohl dienten. Beabsichtigt war daher eine Reorganisation des Klosters, die die Stiftsdamen zu einer Berufstätigkeit im Sinne dieses bildungs- und sozialpolitischen Ansatzes verpflichtete.

Reorganisation des Damenstiftes

Als Stiftsdame und spätere Äbtissin des Kloster Stift zum Heiligengrabe wurde Luise von Schierstedt daher vom preußischen Königspaar nachhaltig darin unterstützt, das Stift in die Kirchenreform einzubinden. Sie war als junges Mädchen in Stettin mit pietistisch-erwecklich geprägten Kreisen in Berührung gekommen und vertrat zugleich mit großer Überzeugung diese staatspolitisch gewünschten Ideen. Luise von Schierstedt beabsichtigte, eine Stiftsschule, ein Hospital und andere karitative Einrichtungen zu gründen, um das Kloster zu einem Ort der Inneren Mission zu machen. Auch Johann Hinrich Wichern wurde gebeten, für diese Idee ein konzeptionelles Gutachten vorzulegen. Hierin schlug er vor: „Die Erziehungsanstalt steckt sich das Ziel zur Gouvernanten-Bildung in adeligen Häusern, es fehlt aber hierzu an der gründlichen Elementar-Ausbildung", und er fuhr fort: „Nicht alle Mädchen haben Fähigkeiten Gouvernanten zu werden, nicht alle Conventualinnen können sich zum Erziehen eignen, aber viele werden in Spielschulen den Kreis ihrer Wirksamkeit finden."[11]

Die Mehrzahl der in den vierziger Jahren des 19. Jahrhunderts im Konvent lebenden Stiftsdamen setzte sich jedoch gegen dieses Ansinnen von Friedrich Wilhelm IV., Johann Hinrich Wichern und Luise von Schierstedt zur Wehr. Sie opponierten, nicht weil sie grundsätzlich gegen eine Berufstätigkeit waren, sondern weil sie sich von dieser – wie sie meinten – ideologischen Einengung nicht vereinnahmen lassen wollten. Nach jahrelangen Auseinandersetzungen innerhalb des Konventes, in denen Luise von Schierstedt zwischenzeitlich mit ihrem Rücktritt gedroht hatte, setzten sich jedoch die königlichen Kirchenpläne durch, und die Erziehungsanstalt für Mädchen aus verarmten Familien konnte im Jahre 1847 ihre Tore öffnen.[12]

Laut Lehrplan traten die Mädchen im Alter von acht Jahren in die Erziehungsanstalt ein und sollten dann in drei Klassenstufen unterrichtet werden. Im achten Jahr wurde die Schulzeit mit der Konfirmation abgeschlossen. Als Ausbildungsziel war in den Statuten festgelegt worden, daß die Schülerinnen christlich und „einfach aber ihrem Stande gemäß", erzogen würden. Mit Beendigung der Schulzeit sollten sie dazu befähigt sein, „eine Stellung einzunehmen und auszufüllen, welche ihre Existenz sichert."[13]

25 Jahre später wurde eine statistische Auswertung dieser Ausbildung vorgenommen und spätere Arbeitgeber der in Heiligengrabe unterrichteten Schülerinnen um ihre Beurteilung gebeten: So bezeugt beispielsweise Frau von Zobeltitz aus Frankfurt im Jahre 1871: „Fräulein Ida von Derwitz ist in den Jahren 1869, 70 u. 71 als Erzieherin unserer beiden Töchter in unserem Hause gewesen – sie hat ihr Amt mit größter Pflichttreue und vermöge gründlicher wissenschaftlicher Kenntnisse mit besten Erfolgen ausgeübt. Ihr religiöser ehrenfester Sinn u. Charakter und ihr liebenswürdiges Wesen haben den besten Einfluß auf unsere Kinder ausgeübt, der hoffen wir fürs ganze Leben dauern wird – hätte nicht ein Herr von Bülow sie unserem Hause als Gattin entführt, so würde sie wohl heute noch ein Mitglied desselben sein – als Kind

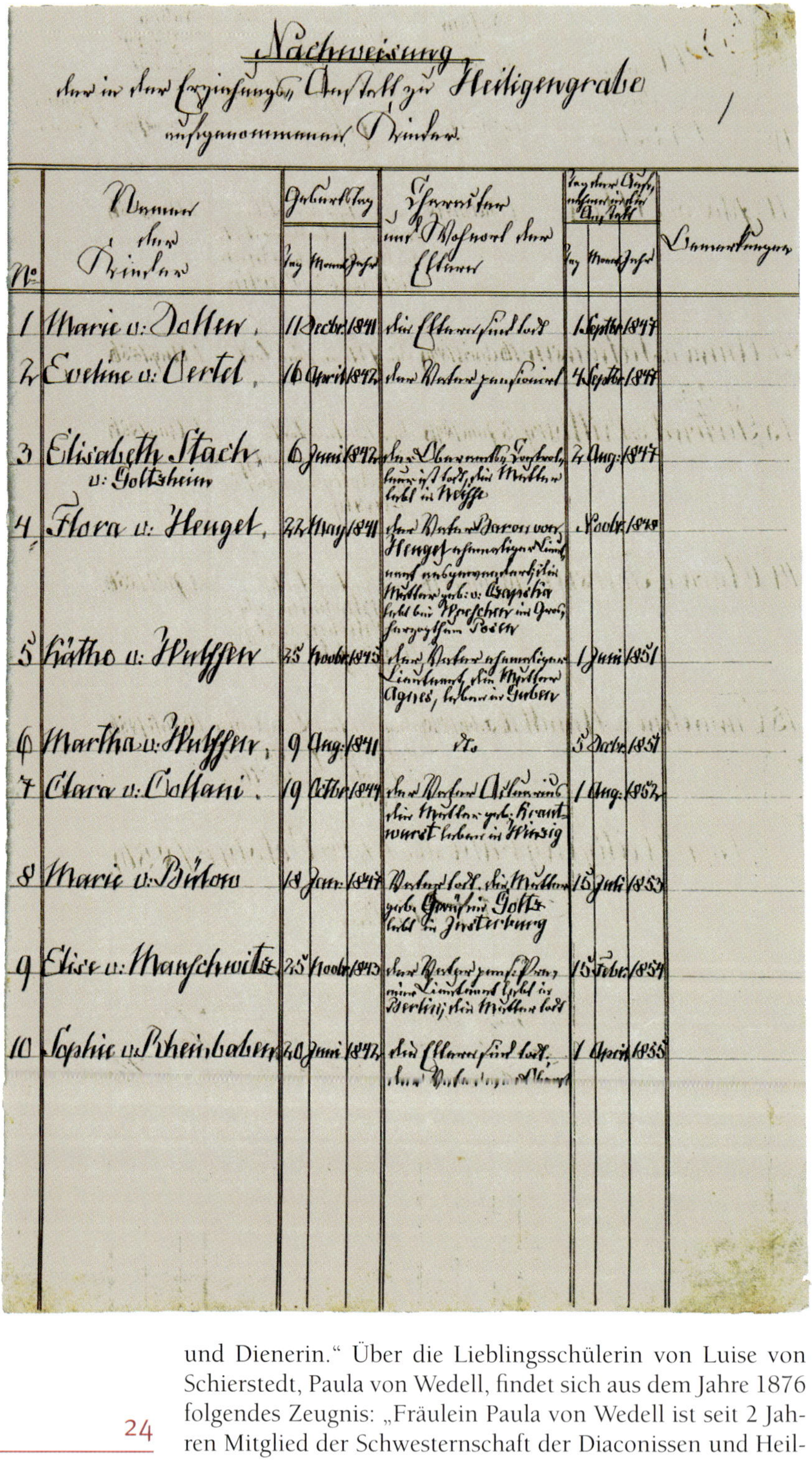

Nachweisung der in der Erziehungs-Anstalt zu Heiligengrabe aufgenommenen Kinder.

No	Namen der Kinder	Geburtstag Tag	Monat	Jahr	Stand und Wohnort der Eltern	Tag der Aufnahme in die Anstalt Tag	Monat	Jahr	Bemerkungen
1	Marie v. Dallen	11	Decbr.	1841	die Eltern sind todt	1	Septbr.	1847	
2	Eveline v. Oertel	16	April	1842	der Vater pensionirt	4	Septbr.	1847	
3	Elisabeth Stach v. Goltzheim	6	Juni	1842	der [illegible] ist todt, die Mutter lebt in Neisse	4	Aug.	1847	
4	Flora v. Hengel	22	May	1841	der Vater Baron von Hengel [illegible] Mutter geb. v. [illegible] lebt bei [illegible]		Novbr.	1848	
5	Käthe v. Wulffen	25	Novbr.	1845	der Vater ehemaliger Lieutenant, die Mutter Agnes, leben in Guben	1	Juni	1851	
6	Martha v. Wulffen	9	Aug.	1841	do	5	Decbr.	1851	
7	Clara v. Collani	19	Octbr.	1844	der Vater [illegible] die Mutter geb. Krautwurst leben in [illegible]	1	Aug.	1852	
8	Marie v. Bülow	18	Jan.	1847	Vater todt, die Mutter geb. Gräfin Goltz lebt in Insterburg	15	Juli	1853	
9	Elise v. Manschwitz	25	Novbr.	1843	der Vater [illegible] Lieutenant lebt in Berlin; die Mutter todt	15	Febr.	1854	
10	Sophie v. Rheinbaben	20	Juni	1842	die Eltern sind todt, [illegible]	1	April	1855	

und Dienerin.“ Über die Lieblingsschülerin von Luise von Schierstedt, Paula von Wedell, findet sich aus dem Jahre 1876 folgendes Zeugnis: „Fräulein Paula von Wedell ist seit 2 Jahren Mitglied der Schwesternschaft der Diaconissen und Heilanstalt Bethesda. Durch treues, gehorsames Wirken und Arbeiten in der Pflege der Kranken, Armen, Kinder und Alten bereitet sie sich vor, dem Herrn in unserem Bethesda an Seinen Elenden und Schwachen zu dienen als eingesegnete Diaconisse."[14] Unterschrieben ist dieses Zeugnis von Elise Averdieck, der Gründerin und Oberin des Rothenburger und Hamburger Diakonissenhauses Bethesda. Diese hatte sich ähnlich wie Helene von Bülow in Ludwigslust oder Eva von Thile-Winkler in Miechowitz / Schlesien im Geist der Inneren Mission engagiert und für sich und andere Frauen eine Berufstätigkeit aufgebaut, indem sie ein eigenes Diakonissenwerk begründeten und damit zugleich die berufliche Qualifizierung von Frauen vorantrieben.

Alternative Bildungsangebote im ausgehenden 19. Jahrhundert

Zeitgleich zu der Heiligengraber Schulgründung waren in liberalen und nichtkonfessionellen Kreisen ebenfalls Privatschulen gegründet worden, um die Ausbildung von Mädchen voranzubringen. Die Fröbelbewegung beispielsweise schuf 1872 mit der Gründung des Pestalozzi-Fröbelhauses durch Henriette Schrader-Breymann eine neue Form der weiblichen Ausbildung, die „zwar klassenspezifisch ausdifferenziert, aber vom Selbstverständnis her klassenübergreifend" gedacht war.[15] Auch andere private Stiftungen aus bürgerlichen Kreisen verfolgten diese Ziele. 1869 gab es in Preußen bereits 39 Lehrerinnenausbildungsanstalten, von denen zehn privat waren.[16]

Liste der zwischen 1847 und 1855 in Heiligengrabe aufgenommenen Schülerinnen mit Geburtsdaten und Hinweisen auf die Eltern

In der zweiten Hälfte des 19. Jahrhunderts änderte sich dann das sozialpolitische Klima. In vielen größeren Städten waren im Zuge neuerer liberaler sozialpolitischer Tendenzen Frauenbildungsvereine gegründet worden, die die „Erwerbsfähigkeit des weiblichen Geschlechts" im Bereich der Schulen, der Krankenpflege und des Kindergartens erhöhen wollten. Sie organisierten Kurse zur Vermittlung von hauswirtschaftlichen Fähigkeiten, boten Fortbildungsprogramme an und unterstützten die Gründung von Mädchenschulen.

1865 war der „Allgemeine Deutsche Frauenverein" (ADF) gegründet worden, der vor allem den Zugang von Frauen zu Bildung und Erwerb forderte. Als sozialpolitische Maßnahme zielte dies in zwei Richtungen, zum einen waren Frauen als Lehrerinnen erforderlich, zum anderen aber sollten die Frauen der Unterschicht erreicht und den Arbeiterinnen durch eine bessere Bildung Handreichungen zur leichteren Bewältigung ihrer Alltagsprobleme angeboten werden. Die Diskussion aber, welche Inhalte geschlechtsspezifisch relevant sein könnten, wurde öffentlich immer heftiger ausgetragen.

Eine Schlüsselstellung im weiteren Kampf um den Zugang der Frauen zu Ausbildung und Beruf sollte an der Wende vom 19. zum 20. Jahrhundert Helene Lange einnehmen. Zusammen mit der Gründerin des Allgemeinen Deutschen Frauenvereins, Louise Otto Peters und einigen anderen engagierten Frauen organisierten sie ein Netzwerk im politischen Kampf um die Durchsetzung gleicher Bildungschancen für Frauen. Wiederum in privater Initiative, da das öffentliche Schulwesen in Preußen dafür keinerlei Möglichkeiten anbot, damit Mädchen das Abitur ablegen konnten, gründeten Frauenbildungsvereine grundständige Mädchengymnasien, so z. B. in Karlsruhe (1893), Stuttgart (1899) oder in Köln (1903). Erst 1908 wurde den Mädchen in einer erweiterten Schulreform ermöglicht, den Zugang zur Universität zu erwerben. Die privat ins Leben gerufenen Angebote an Schulen der Frauenbildungsbewegung blieben allerdings weiterhin in privater Hand und wurden nicht verstaatlicht.[17]

1887 erkannte auch die neue Äbtissin in Heiligengrabe, Adelheid von Wenzel, daß sie die Ausbildungsziele der Stiftsschule den veränderten Bedingungen anpassen müsse und nicht mehr nur Erzieherinnen ausbilden könne. Sie unterstützte eine Revision des Lehrplanes, wie sie von der Stiftsdame Marie von Clausewitz hinsichtlich breiterer zukünftiger Berufschancen für die Stiftsschülerinnen ausgearbeitet worden war und schrieb deshalb im Jahre 1887 an den Propst: „Die geringe Zahl derer, welche bis zu diesem Ziel (Lehrerinnen-Examen) hier vorgebildet würden, stand in keinem Verhältniß zu den Anstrengungen und Opfern die damit gebracht worden sind. Auch sind die Zeitverhältnisse anders geworden: Die Welt ist überschwemmt mit Erzieherinnen."[18]

Die wißbegierigen Töchter der Aufklärung hatten viel bewegt: erzogen von Gouvernanten und Hauslehrerinnen kämpften ihre Enkelinnen 100 Jahre später um gleichwertige Bildungschancen. Sie hatten aus privater Initiative Frauenvereine und private Mädchenschulen ins Leben gerufen, so daß die Vorsitzende der privaten deutschen Mädchenschulen Anna Schmidt bemerkte: „aus der privaten Mädchenschule sind die führenden Kräfte unserer Frauenbewegung hervorgegangen."[19] Auch die Äbtissinnen und die Stiftsdamen nahmen mit der Stiftsschule im Kloster Stift zum Heiligengrabe diesen Zeitgeist auf und trugen den allgemeinen bildungspolitischen Aufbruch mit. Allerdings unterstützten sie die bürgerlichen Frauen und ihre politischen Kämpfe um gleichberechtigte Frauenbildung nicht öffentlich, sondern setzten sich lediglich im Rahmen ihrer Wirkungsstätte für ihre Standesgenossinnen ein. Ihre ausgeprägten Verbindungen zum Königshaus und innerhalb ihrer Herkunftsfamilien hätten ihnen jedoch weitreichende politische Einflußmöglichkeiten geboten, die sie für die gesellschaftliche Gleichberechtigung im Bereich der weiblichen Bildung hätten nutzen können. Die familiäre Standesehre und die damit verbundenen Pflichten aber waren zugleich die Zügel, die ihnen in ihrer Erziehung angelegt worden waren, um nicht gegen die eigenen Väter, Brüder und sonstigen männlichen Anverwandten im politischen Geschäft zu opponieren.

1 Zit. nach: Endres, Elisabeth: Marie von Ebner-Eschenbach (1830–1916), in: Schultz, Hans-Jürgen (Hrsg.): Frauen. Porträts aus zwei Jahrhunderten, Stuttgart 1982, S. 114–127, S. 119.
2 Vgl. Schmitt, Hanno / Tosch, Frank (Hrsg.): Vernunft fürs Volk. Friedrich Eberhard von Rochow 1734–1805 im Aufbruch Preußens, Katalog zur Ausstellung, Berlin 2001. Außerdem: Röper, Ursula / Oelker, Simone / Reuter, Astrid (Hrsg. im Auftrag des Kloster Stift zum Heiligengrabe): Preußens FrauenZimmer, Katalog zur Ausstellung, Berlin 2001.
3 Campe, Joachim Heinrich: Väterlicher Rath für meine Tochter, Braunschweig 1791, S. 14 f.
4 Vgl. Schmid, Pia: Das Allgemeine, die Bildung und das Weib. Zur verborgenenen Konzipierung von Allgemeinbildung als allgemeiner Bildung für Männer, in: Terk, Elmar (Hrsg.): Allgemeine Bildung, München 1986.
5 Lange, Helene: Lebenserinnerungen, Berlin 1921.
6 Vgl. Hardach-Pinke, Irene: Die Gouvernante, Geschichte eines Frauenberufs, Frankfurt 1993, S. 147.
7 Ebda. S. 148.
8 Vgl. Röper, Ursula: Mariane von Rantzau und die Kunst der Demut. Frömmigkeitsbewegung und Frauenpolitik in Preußen unter Friedrich Wilhelm IV., Stuttgart 1997, S. 49–60.
9 Fliedner, Theodor: Armen- und Krankenfreund 1, 1849.
10 Friedrich Wilhelm IV., zit. nach: Ranke, Leopold von: Aus dem Briefwechsel Friedrich Wilhelms IV. mit Bunsen, Leipzig 1873, S. 74.
11 GStA PK, I. HA, Rep. 92, NL Ludwig Gustav von Thile, undat., Bl. 19/20.
12 Ausführlich dazu: Röper, Ursula: Ein weibliches Bischofsamt. Bemerkungen zum Leben der Louise von Schierstedt (1794–1876), Äbtissin in Heiligengrabe während der Regierungszeit Friedrich Wilhelms IV., in: Krüger, Peter / Schoeps, Julius H. in Verbindung mit Irene Dieckmann: Der verkannte Monarch, Friedrich Wilhelm IV. in seiner Zeit, Potsdam 1997, S. 287–326.
13 StAH, Nr. 1010.
14 StAH, Nr. 141, Bl. 20, 16 und 22.
15 Jacobi, Juliane: Zwischen Erwerbsfleiß und Bildungsreligion – Mädchenbildung in Deutschland, in: Duby, George / Fraisse, Geneviève / Perrot, Michelle (Hrsg.): Geschichte der Frauen, 19. Jahrhundert, Frankfurt am Main 1994, S. 267–282, S. 275.
16 Hardack-Pinke, a.a.O., S. 162.
17 Jacobi, a.a.O.
18 StAH, Nr. 153, o. Bl.
19 Jacobi, a.a.O. S.281.

Äbtissin von Schierstedt trägt den 1847 von Friedrich Wilhelm IV. verliehenen Stiftsorden. Bildnis der Äbtissin Luise von Schierstedt, Blanca von Hagen, Öl auf Leinwand, 1870

Luise von Schierstedt

(Äbtissin von 1843–1876)

26. Dezember 1794

Luise von Schierstedt wird als Tochter des Regierungspräsidenten der Neumark, Herrn von Schierstedt, geboren. Sie hat acht Geschwister, fünf Brüder und drei Schwestern, zwei versterben sehr früh.

1811

Der Vater verstirbt und drei Brüder fallen 1813 in den Freiheitskriegen.

1819
Die Schwester, die Stiftsdame im Damenstift Heiligengrabe war, verstirbt. Die freigewordene Stiftsstelle verleiht Friedrich Wilhelm III. Luise von Schierstedt. Sie wird als Minorin in das Damenstift aufgenommen und bekommt am 28. September 1822 eine volle Stiftsstelle verliehen, lebt aber noch nicht dauerhaft in Heiligengrabe.

1830
Nach dem Tod ihrer Mutter 1828 zieht Luise von Schierstedt endgültig ins Damenstift Heiligengrabe.

1843
Der Erweckungsprediger Otto von Gerlach schlägt Luise von Schierstedt als erste Oberin für das Diakonissenhaus Bethanien in Berlin vor.

29. Juli 1843
Nach dem Tod der Äbtissin Henriette Wilhelmine Elisabeth von Steinwehr (1768–1843) wird Luise von Schierstedt unter großen Widerständen des Konvents zur „Äbtissin Seiner Majestät des Königs Friedrich Wilhelm IV." gewählt. In der Folge ordnet Luise von Schierstedt die Rückverlegung der Abtei in die Klostergebäude an und leitet eine Reorganisation des Damenstifts Heiligengrabe ein.

1. August 1846
Aufgrund starker Überanstrengung wird die Äbtissin auf königliche Kosten nach Baden-Baden zur Genesung geschickt.

Mai 1847
Die Erziehungsanstalt für Mädchen aus verarmten adeligen Familien wird gegründet.

8. Oktober 1847
Durch königlichen Beschluß Friedrich Wilhelm IV. wird das bisherige Stiftsabzeichen durch das Ordenszeichen des Heiligen Grabes ersetzt.

1849
Luise von Schierstedt will aufgrund großer Unstimmigkeiten innerhalb des Konvents ihr Amt als Äbtissin niederlegen.

11. Oktober 1853
Friedrich Wilhelm IV. verabschiedet die überarbeiteten Stiftsstatuten, in denen fortan zwischen der Vergabe von sogenannten Versorgungsstellen und Stellen für arbeitende Damen unterschieden wird.

13. August 1863
Luise von Schierstedt legt Friedrich Wilhelm IV. einen Bericht über die „Reorganisation des Stiftes" vor.

23. August 1876
Im Alter von 81 Jahren verstirbt Luise von Schierstedt und wird auf dem Stiftsfriedhof in Heiligengrabe beigesetzt.

Tradition

Museumsgründung in der Klausur

Ab 1909 waren im Südflügel der Klausur die Ausstellungsräume des Museums untergebracht. Heiligengrabe entwickelte sich zum Standort einer wichtigen Sammlung in Brandenburg. Klausur und Kirche des Kloster Stift zum Heiligengrabe von Nordwesten, Fotografie, 1906

Wolfgang Dost

Frühgeschichte und Alltagskultur

Das alte Heiligengraber Museum (1909–1945)

Vor mehr als einem Vierteljahrhundert schwärmte der ehemalige Zaatzker Standesbeamte Adolf Tebling (1893–1977) vom Heiligengraber Museum seiner Kindertage. Ein Besuch dort war ein Erlebnis, ein bedeutsames; es wurde Teil seiner Biographie. Seine Ausführungen waren die ersten konkreten und nachhaltigen Spuren über das Museum. Tebling kannte den ersten Museumsleiter Paul Quente (1887–1915), erinnerte sich noch an mehrere Museumsvereinsmitglieder, lobte die Grabungsfunde, hatte Höhepunkte des Museums miterlebt und wußte von dessen deprimierendem Ende, das am 2. Mai 1945 mit der Besetzung durch die Russen begann. Selten und nur beiläufig sprach man damals über das Museum, ausgenommen Zeitzeugen und historisch Interessierte.

Seit Mitte der 90er Jahre hat sich die Situation verändert. Ein Museumsverein wurde wieder gegründet, vielfach vorhandene Initiativen und Aktivitäten gebündelt! Ein Museum ist im Aufbau! Heiligengrabe, dessen Kraft ausreichte, 1928 seinen Namen dem wesentlich größeren Dorf Techow überzustülpen, wird wieder Museumsstandort. Ein Wunschtraum vieler erfüllt sich. Schon 1997 hatten die ehemaligen Stiftsschülerinnen Dietlind Noack, Nora Neese, Sophie Gräfin zu Dohna-Schlobitten und Marie-Elisabeth Klee anläßlich eines Besuches im Wittstocker Museum von Ähnlichem im Kloster Stift geträumt. Seither werden immer öfter Fragen nach dem alten Heiligengraber Museum laut, nach Umfang und Qualität der Sammlungen, der Gestaltung der Ausstellung und vor allem nach dem Verbleib der Exponate. Einem Restaurator gleich, der Scherben Stück für Stück zu einem Gefäß zusammenfügen muß, ist es unsere Aufgabe, aus den Heiligengraber Publikationen, aus Briefen, Zeitungsmeldungen und Erinnerungen, ein Bild des Museums zu zeichnen und nützliche Erwägungen darüber anzustellen, welche Möglichkeiten der Anknüpfungen sich beim Aufbau des neuen Museums anbieten.

Heiligengrabe und die brandenburgische Museumslandschaft

Bereits vor der Wende zum 20. Jahrhundert waren in der Provinz Brandenburg einige Museen entstanden; 1865 als erstes das Ruppiner Museum, dessen Bestände aus der reichhaltigen Sammlung des Grafen Zieten zu Wustrau kamen. Im gleichen Jahr wurde die Eröffnung des „Museums für Heimatkunde“ in Müncheberg, später Lebuser Museum, registriert. Nach spärlichem Zuwachs bis zur Jahrhundert-

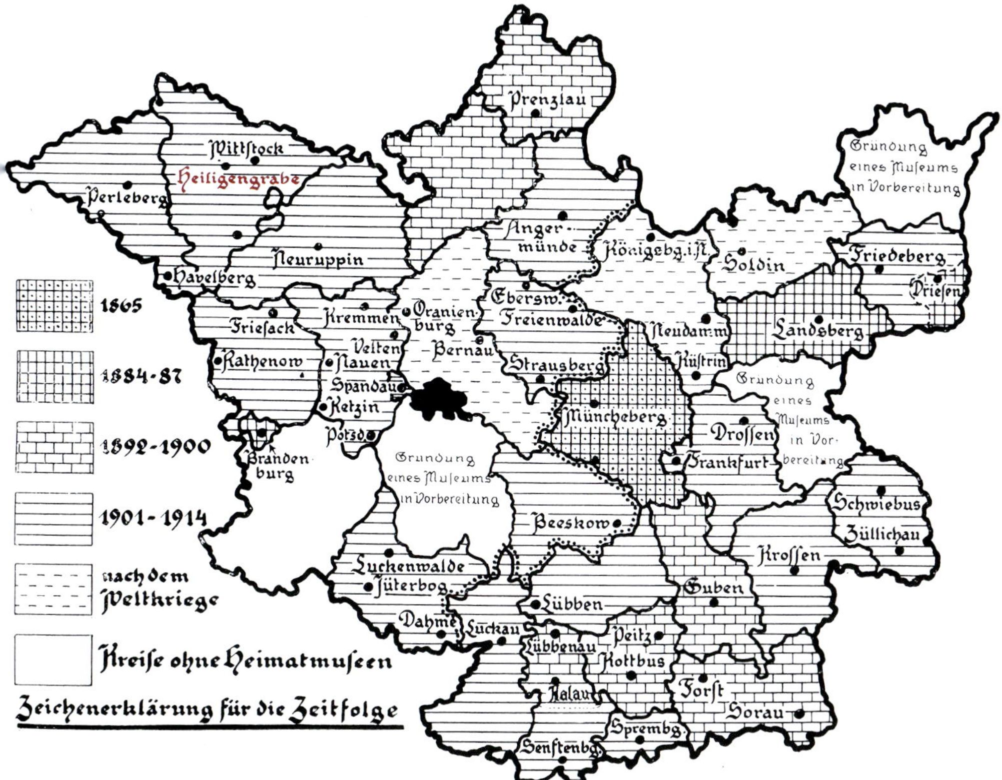

Besetzung der Kreise in der Provinz Brandenburg mit Heimat-Museen

Karte der Heimatmuseen in Brandenburg aus dem Jahr 1927

wende wurden zwischen 1900 und 1920 eine Vielzahl an Museen gegründet. 1914 berichtete der Leiter des Lebuser Museums, Georg Mirow, bereits von 51 Altertums- und Heimatmuseen.

In erster Linie waren es gesellschaftliche Bedingungen, die eine solche Entwicklung begünstigten. Der moderne Kapitalismus und die durch ihn ausgelöste Mobilität großer Bevölkerungskreise forderte sowohl für Einheimische als auch für Zugewanderte einen Identifizierungsraum. Heimatmuseen und -vereine schufen dafür geeignete Bedingungen. Es war ein Zug der Zeit, daß sich Vereine, kommunale Einrichtungen, Bildungseinrichtungen oder Privatpersonen um die Gründung von Museen Verdienste erwarben. Hinzu kam das Bestreben staatlicher Institutionen, größerer Kommunen und

Kreise, ein flächendeckendes Netz von Museen zu schaffen. Nachdrücklich wurde die Forderung nach qualitätvollen Einrichtungen erhoben, da nicht selten Kuriositätenkabinette entstanden waren, die den Besucher zwar kurzzeitig in ihren Bann zu ziehen vermochten, für Fachleute jedoch ein Ärgernis darstellten. Sehr früh, nämlich schon 1910, strebte man eine Museumsvereinigung an, was zunächst fehlschlug, aber 1912 gelang. Dem Rufe Rudolf Schmidts, Museumsleiter in Eberswalde, zur Gründung der „Vereinigung brandenburgischer Museen" folgten 18 Vertreter aus der Mark, darunter auch drei aus der Prignitz: Havelberg (gegründet 1904), Perleberg (1905) und Heiligengrabe (1909). Wittstock, bereits 1879 als gymnasiales Museum ins Leben gerufen, war hier nicht, später bei zentralen Zusammenkünften kaum vertreten, was weniger an den Beständen als an den Präsentationsbedingungen gelegen haben mag.

Diese erste Zusammenkunft 1912 war für die brandenburgischen Museen von eminenter Bedeutung, nicht nur, weil eine regelmäßige Zusammenarbeit vereinbart wurde – vielmehr wurden fachlich die Weichen für die Zukunft gestellt. Die „Mitteilungen der Vereinigung" (1916), später „Brandenburgische Museumsblätter", erreichten eine große Zahl interessierter Laien und Fachleute. Auf diesem Wege wurde auch die Notwendigkeit einer Akzentverschiebung von der vorgeschichtlichen auf die Heimatgeschichtsforschung propagiert. Wenn das Museum Bildungseinrichtung und für die regionale Identifizierung förderlich sein wollte, mußte die gesamte Vergangenheit ins Blickfeld rücken, nicht nur der Bereich der Ur- und Frühgeschichte. Es war nun leichter, die Erlebnis- und Erfahrungswelt der Besucher einzubeziehen, denn die Exponate der jüngsten Zeit kannten sie aus eigener Anschauung. Geschichte wurde damit lebendiger, interessanter und liebenswerter. Sehr viele Museen verfügten über akzeptable frühgeschichtliche Sammlungen und hatten direkt oder im Umfeld fachlich versierte Kräfte für diesen Bereich. Es ist verständlich, daß man sich nur allmählich vom Primat der Frühgeschichte löste und sich neuen Sammlungsgebieten und -strategien öffnete. Auch in Heiligengrabe vollzog sich diese Umorientierung eher zögerlich. Die kultur- und kunstgeschichtlichen Bestände reichten bis in die Endphase musealer Tätigkeit nicht an die vorgeschichtlichen Sachzeugen.[1]

Nach dem Ersten Weltkrieg trafen sich Vertreter der brandenburgischen Museen zweimal jährlich. Der ständige Wechsel des Tagungsortes begünstigte das gegenseitige Kennenlernen. Die Prignitzer Museen Havelberg und Heiligengrabe waren regelmäßig vertreten und auch Tagungsorte (Heiligengrabe 1924). Perleberg und seit 1929 Wittenberge nahmen erst spät regelmäßig teil.

Paul Quente und die Gründung des Heiligengraber Museums

Die Gründung des Heimatmuseums Heiligengrabe unterschied sich nicht unerheblich von der anderer Orte. Trotz enger Verbindung zum kaiserlichen Hofe pflegte das Kloster Stift eine gewisse Zurückgezogenheit. Die nun zu erwartenden Besucherströme hätten durchaus eine Störung der tradierten Lebensbedingungen mit sich bringen können. Neben Paul Quente, dem ersten Museumsleiter, bewies die Äbtissin von Rohr eine gehörige Portion Mut, als sie, wie sie später bemerkte, etwas voreilig den Ausspruch gegenüber Quente tat: „Bringen Sie mir Ihre Sachen, dass wir prüfen und verwahren und zeigen, was allgemeinen Wert hat.“[2] Paul Quente, 1887 in Weißenfels geboren, Maler und Archäologe mit Hingabe, später auch Heimatforscher, geriet nicht ganz zufällig nach Heiligengrabe, da seine Mutter hier einige Zeit Beamtin war. Er bemühte sich, die noch wenig entwickelte Heimatforschung zu forcieren und ein Museum aufzubauen. Nach einer „Testausstellung“ steinzeitlicher Werkzeuge, die Quente auf Rügen gefunden hatte, schenkte ihm die Äbtissin einen Schautisch und stellte den ersten Museumsraum zur Verfügung. Das war 1909, im Jahr der Museumsgründung. Von nun an ging es außergewöhnlich schnell voran. 1913 verfügte das Museum über 18 Räume, zwei davon waren gerade neu eingerichtet. Wenn auch die Präsentationsmöglichkeiten in den übereinanderliegenden Geschossen des südlichen Kreuzganges sehr beengt waren, erlaubte doch die Vielräumigkeit eine günstige Glie-

Der Landschaftsmaler Paul Quente war der erste Leiter des Heiligengraber Museums. Landschaft mit Bäumen, Radierung, undat.

derung der Sachzeugen, die vorwiegend prähistorischer Zeit entstammten. 1913 entstand der Museumsverein, der nicht nur Träger des Museums war, sondern auch ein gedrucktes Periodikum vorlegte, die „Mitteilungen des Vereins zur Förderung der Heimatforschung und des Heimatmuseums für die Prignitz in Heiligengrabe", ab 2. Jahrgang „Mitteilungen des Heimat- und Museumsvereins in Heiligengrabe". Sie erschienen zum letzten Mal 1939/40, gemeinsam mit dem Stadtmuseum Perleberg und sind die wichtigste Quelle für die Geschichte des Heiligengraber Museums und seiner Bestände zwischen 1909 und 1945.

Germanisches Hügelgrab um 1000 v. Chr.

Mitteilungen

des

Vereins zur Förderung der Heimatforschung und des Heimatmuseums für die Prignitz in Heiligengrabe.

Nr. 5. 1914.

Druck von Otto Günther Nachf., Kyritz (Prignitz).

Alle Rechte vorbehalten.

Von 1913 bis 1939/40 veröffentlichte der Museumsverein seine „Mitteilungen", hier mit einem Titel in Jugendstilformen. Heft Nr. 5 aus der Schriftenreihe des Museums, 1914

Der Museumsverein – durch Paul Quente ins Leben gerufen – wuchs innerhalb kürzester Zeit zu erstaunlicher Größe. Bereits ein halbes Jahr nach seiner Gründung zählte er mehr als 350 Mitglieder, vor Kriegsbeginn gehörten ihm mehr als 800 Mitglieder an. Das Geheimnis des Erfolgs: Quente und seinen Mitarbeitern gelang es, Interesse zu wecken; die Prignitzer waren sich bewußt, hier ihr eigenes Museum aufzubauen. Bürgermeister, Bauern, Lehrer und Verwaltungsleute wurden Vereinsmitglieder und wirkten als Multiplikatoren. Prominente Vertreter des Kreistages und auch Landrat Hans Egidi gehörten zum Verein. Eine Doppelzäsur unterbrach die erfolgreiche Arbeit: 1915 fiel Quente im Frankreichfeldzug, der Erste Weltkrieg und seine Folgen taten ein übriges.

Es ist erstaunlich, wie konsequent man in dieser Zeit im Heiligengraber Museum tätig war. Während des Krieges war das Museum nur kurze Zeit geschlossen. Nach einem Intermezzo Jörg Lechlers als Leiter des Museums übernahm schließlich die Stiftsdame Annemarie von Auerswald (1876–1945) für fast ein Vierteljahrhundert diese Funktion. Sie galt als profunde Kennerin der Ur- und Frühgeschichte und gelangte auch durch das Xenusion (Fossil), das nach ihr X. auerswaldae benannt wurde, zu Anerkennung in der Fachwelt. Als konsequente Nationalsozialistin hatte sie erheblichen Anteil daran, daß Heiligengrabe nicht erst in DDR-Zeiten als NS-freundlich galt. Daß das Kloster Stift und insbesondere die Äbtissin Elisabeth von Saldern zahlreichen Einschränkungen und Bedrohungen durch die Nationalsozialisten ausgesetzt waren, wurde dagegen der Öffentlichkeit kaum bekannt.[3]

In der Gründungsphase hatte sich das Heiligengraber Museum als „Prignitz-Museum" ausgewiesen. Gleiches tat auch

Havelberg und gelegentlich Perleberg. Später (nach 1925) bezeichnete es sich ausschließlich als Heimatmuseum. Nach 1936 fand sich auch „Heiligengrabe. Heimatmuseum der Ostprignitz". Das unterstreicht die Absicht, Museen bestimmten Kreisen zuzuordnen und deren lokale Tätigkeitsfelder zu bestimmen. Insofern kann Heiligengrabe als Pendant zu Havelberg gesehen werden.

Ein Museum der Prignitz

Von den Schauräumen des Heiligengraber Museums existieren nur wenige Bilddokumente, dagegen sind Einzelexponate ungewöhnlich häufig fotografiert. Tatsächlich ist manches verlorengegangen, doch die geringe Größe der meisten Räume und die teilweise schlechten Lichtverhältnisse schränkten

Zeugnisse aus der Ur- und Frühgeschichte dominierten die Sammlung von Heiligengrabe. Innenansicht eines Museumsraumes im Südflügel der Klausur. Fotografie von Max Zeisig, um 1920

die Möglichkeiten zu fotografieren erheblich ein. So müssen wir uns auf Schriftliches stützen, auf Berichte über Ausstellungen und die sogenannten „Führungen durch das Museum".[4] Von Anfang an dominierten die prähistorischen Sammlungen; auch später erwies sich die Ur- und Frühgeschichte als die eigentliche Domäne. Welches der kleineren oder mittleren Museen der Provinz konnte einen eigenen Restaurator für Urnen, Grabbeigaben, Gefäße oder ähnliches aufweisen? Als 1924 (31. Mai / 1. Juni) die Frühjahrstagung der brandenburgischen Museen in Heiligengrabe stattfand, war man voll des Lobes über die Einrichtung: „Es besitzt namentlich in seinem vorgeschichtlichen Teile hervorragende Schätze, ist aber auch in der naturgeschichtlichen Abteilung durch seine Darstellung des Tierlebens in trefflich zusammengesetzten Gruppen sowie durch seine kulturgeschichtlichen Sammlungen bemerkenswert und fand allgemein Bewunderung."[5] Heiligengrabe hat die Schwerpunktverlagerung von der primären Orientierung von der Vor- auf die Heimatgeschichte auf seine Weise vollzogen.

Indem jedes Dorf durch Sachzeugen im Museum vertreten war, welche die Bevölkerung zum Teil selbst übergeben hatte, wurde die Vorgeschichte von einer relativ abstrakten zu einer das Heimatbewußtsein fördernden Disziplin. Die gezielten Hinweise auf Altes, Bewahrenswertes aus der jüngsten Vergangenheit und auf die Lebensweise der Prignitzer waren zudem lebendige Heimatgeschichtsforschung. Einen solchen Versuch stellte der Ausstellungsraum „Unsere Bauernstube" dar. Räumlich beengt und darum etwas überladen wurden Sachzeugen präsentiert, die sich in jeder Stube fanden: Truhe, Anrichte, Spinnrad, Wanduhr, Alltagsutensilien. Man war sich aber durchaus der Problematik einer solchen „Einrichtung" bewußt und hätte gern das Ideal verwirklicht, eine Stube gewissermaßen „in situ" zu zeigen: „Freilich zeigt unsere Bauernstube keine alte, gediegene Einrichtung, wie sie etwa in einem wohlbehäbigen Bauernhause vor 100 oder 50 Jahren üblich gewesen sein mag. Es ist zusammengetragenes Gerät, zu dem die halbe Prignitz etwas beigesteuert hat, und das nur notdürftig zu einer Einheit zusammengeschlossen ist!"[6]

Am problematischsten war jener Teil naturkundlicher Sammlungen, der die heimatliche Sphäre verließ und die Tierwelt der Nordsee behandelte („Nordseeküste bei Ebbe"). Die fehlende Kenntnis über die Art der Verflechtung mit der heimischen Tierwelt und den Umfang des Exkurses verbietet unseres Erachtens jedoch eine allzu kritische Betrachtung.

Museumsbesucher in Heiligengrabe:
1917: 1244 Besucher
1918: 1459 Besucher
1919: 1420 Besucher
1920: 2355 Besucher
1921: 2636 Besucher
1924: 3000 Besucher

Das Museum wurde von Quente als gemeinnützige Einrichtung gesehen. Lehrer, Studenten und Interessierte konnten sich in Techow einmieten, kostenlos die Museumsbibliothek nutzen und im Museum ihre Studien betreiben. Das war wochentags täglich (!) von 9 bis 19 Uhr (!) möglich. Ähnlich großzügig waren die Museumsöffnungszeiten: 8 bis 12 Uhr vormittags, 2 bis 6 Uhr nachmittags, sonntags von 1 bis 6 Uhr, bei freiem Eintritt. Solche umfassenden Öffnungszeiten waren selten. Auch darum fehlte es nicht an Besuchern (vgl.

nebenstehende Tabelle). In späteren Jahren blieben die Zahlen konstant bei über 3000 Besuchern, zumindest bis 1939. Das Heiligengraber Museum spielte im Orchester der brandenburgischen Museen eine gewichtige Rolle.

Heiligengraber Schätze

Es finden sich nur wenige Museen in Brandenburg, wo – wie im Falle Heiligengrabe – in so kurzer Zeit Sammlungsbestände solchen Umfangs und solcher Qualität zusammengetragen wurden, vor allem in der Ur- und Frühgeschichte. Hunderte, ja Tausende dieser Sachzeugen sind in Walter Matthes' „Urgeschichte des Kreises Ostprignitz" aufgeführt, die als Geschenk nach Heiligengrabe gingen oder Selbsterwerbungen waren. Da praktisch jeder Ort vertreten war, entstand eine einmalige regionale Dichte. Was an Beilen, Äxten, Pflügen, Messern, Scheren aus verschiedensten historischen Epochen zu betrachten war, was an Fibeln, Gürtelhaken, Schmuck, an Gefäßen, Amphoren, Urnen zu sehen war, läßt sich kaum beschreiben. Archivalien, frühe Drucke, bibliophile Kostbarkeiten – in Heiligengrabe konnte man sie finden!

Aus den ur- und frühgeschichtlichen Beständen des Museums: Halskragen, Bronze, Fundort: Zaatzke, mittlere Bronzezeit

Einen hohen Bekanntheitsgrad erreichte Heiligengrabe durch das Xenusion (X. auerswaldae), einen kopfgroßen Stein mit einer darin enthaltenen Versteinerung. Anläßlich einer Exkursion wurde das Stück dem Wissenschaftler Josef Felix Pompecki vorgelegt, der den Wert des Xenusion erkannte. Als „neues Zeugnis uralten Lebens" wurde es 1928 in der „Paläontologischen Zeitschrift" unter dem Namen Xenusion auerswaldae beschrieben.[7] Das Xenusion verdient doppeltes naturhistorisches Interesse, einmal als stammesgeschichtliches Zwischenglied zwischen Ringelwürmern und Gliederfüßlern, andererseits ist es „fossiles Dokument einer lebensgeschichtlichen Zeitenwende ersten Ranges vor rund 600 Millionen Jahren".[8] Das Xenusion als Fossil hat einen größeren Seltenheitswert als der Archaeopteryx (Urvogel). Das Original kann heute im Naturkundemuseum Berlin besichtigt werden, ein Abguß gehört zum Bestand des neuen Heiligengraber Museums.

Einer der wertvollsten Zeugen des Museums war das Hungertuch, eine Leinenstickerei von 3,2 x 1,5 m. Es hatte über Jahrhunderte ein unbeachtetes Dasein geführt, bis es 1911 von Paul Quente in seinem Wert erkannt wurde. Von der Äbtissin von Rohr wurde es für das Heimatmuseum erworben.

Vermutlich stammte es aus Heiligengrabe, befand sich Jahrhunderte in Breitenfeld, ehe es zum Ursprungsort zurückkehrte. Die Entstehungszeit liegt wohl im 14. Jahrhundert, frühestens in der ersten Hälfte. Das Tuch ist gleichsam eine Erzählung. In zwei durch einen gestickten Streifen getrennten Bildreihen wird die Heilsgeschichte erzählt, von der Verkündigung bis zur Erscheinung Christi vor Maria Magdalena. In der Mitte thront Christus als Weltrichter. Wie die meisten der gegenständlichen Quellen gilt auch das Hungertuch als verschollen. Es ist tröstlich, daß Verluste nicht nur Resignation erzeugen, sondern auch motivieren können!

Über das Ende des Museums 1945 gibt es keine sehr konkreten Informationen. Im allgemeinen Chaos sind sie zudem widersprüchlich. Von Zeitzeugen wissen wir, wie sinnlos zerstört und geplündert wurde.[9] Allerdings begannen sehr schnell Aufräumarbeiten, zudem gehörten museale Sachzeugen, vor allem Vorgeschichtliches damals und auch später nicht zu erstrebenswertem Diebesgut. Darauf ist es wohl zurückzuführen, daß solche Exponate noch in größerer Zahl vorhanden waren, als 1947 die Heiligengraber Bestände (oder ein großer Teil da-

Das vermutlich aus Heiligengrabe stammende Hungertuch überzeugt durch seine hohe Qualität. Das Kunstwerk gilt heute leider als verschollen. Stickerei, 14. Jahrhundert, Abbildung aus den „Mitteilungen" des Heimat- und Museumsvereins, 1930

von) nach Kyritz gebracht wurden. Es wird mit Hilfe der noch vorhandenen Inventarlisten zu prüfen sein, was auf welche Museen verteilt wurde und natürlich, was wieder in Heiligengrabe gezeigt werden könnte.

1 Vgl. Brandenburgische Museumsblätter 1931, S. 130.
2 Mitteilungen des Heimat- und Museumsvereins in Heiligengrabe, 3. Jg., Heft 1/2, S. 6.
3 Vgl. Neese, Nora (Hrsg.), im Auftrag von alten Stiftskindern: Stift Heiligengrabe, Ein Erinnerungsbuch, Teil II, 1992 (Selbstverlag), S. 435 ff.
4 Vgl. Mitteilungen des Heimat- und Museumsvereins in Heiligengrabe, 4. Jg., Heft 1/2, 6. Jg., Heft 1/2, 8. Jg. Heft 2/3, 9. Jg., Heft 1/2.
5 Brandenburgische Museumsblätter, Nr. 18, S. 29/30.
6 Vgl. Mitteilungen des Heimat- und Museumsvereins in Heiligengrabe, 8. Jg., Heft 2/3, S. 24 ff.
7 Kurt Huck/Erhard Voigt: Einführung in die Geschiebeforschung, Oldenzaal 1967, S. 19
8 Rudolf Daber/Jochen Helms: Das große Fossilienbuch, Urania, Berlin 1978, S. 63.
9 Neese, Nora (Hrsg.), im Auftrag von alten Stiftskindern: Stift Heiligengrabe, Ein Erinnerungsbuch, Teil II, 1992 (Selbstverlag), S. 290 ff.

Als Zeichen ihres Amtes und seiner Wertschätzung verlieh Kaiser Wilhelm II. den Äbtissinnenstab an Adolphine von Rohr. Das Gemälde zeigt sie in der neu ausgestatteten Heiliggrabkapelle. Bildnis der Äbtissin Adolphine von Rohr, Hans Krause, Öl auf Leinwand, undat.

Adolphine von Rohr

geb. von Gersdorff (Amtszeit 1899–1923)

25. März 1855

Adolphine von Gersdorff wird als älteste Tochter des Generalleutnants Hermann Konstantin von Gersdorff und Clara Agnes Marianne, geb. von Gersdorff, in Trier geboren.

bis 1869

Sie erhält zunächst gemeinsam mit ihren beiden Schwestern Rose Maria Klara (geb. 1856) und Clara (geb. 1858) im Haus ihrer Eltern Unterricht. 1869 wird sie zur Erziehung nach Kassel geschickt und besucht später das Internat im Stift Altenburg.

1870
Der Vater fällt bei Sedan. Nach ihrer Einsegnung zieht Adolphine von Gersdorff zu ihrer Mutter nach Weimar.

31. Mai 1875
Adolphine von Gersdorff heiratet Louis von Rohr und geht mit ihm auf sein Gut nach Seefeld in die Ostprignitz. Eine Tochter wird tot geboren.

25. Oktober 1882
Ihr Mann stirbt an Typhus. Ein Jahr später zieht Adolphine von Rohr nach Potsdam und besucht einen Johanniterkursus im Elisabethkrankenhaus in Berlin.

1889
Adolphine von Rohr vertritt bei der Prinzessin Elisabeth von Waldeck in Arolsen Mutterstelle und wird später Oberhofmeisterin. In gleicher Stellung ist sie bei der Fürstin Bathildis tätig.

4. Mai 1899
Kaiser Wilhelm II. ernennt Adolphine von Rohr zur Äbtissin des Damenstifts Heiligengrabe. Der Konvent erhebt aufgrund ihrer früheren Verheiratung Einwände gegen ihre Einsetzung.

1901
Wilhelm II. besucht anläßlich des 200jährigen Preußenjubiläums Heiligengrabe und verleiht Adolphine von Rohr den Äbtissinnenstab. Bei einem späteren Besuch erhält sie das goldene Äbtissinnenkreuz.

1902
Adolphine von Rohr setzt sich für die Rückbesinnung auf die sozialen Aufgaben des Damenstifts ein.

1903/04
Die Heiliggrabkapelle wird mit kaiserlichen Mitteln neu ausgestattet.

1909
Äbtissin von Rohr unterstützt die Gründung eines Museums durch den Landschaftsmaler und Prähistoriker Paul Quente (1887–1915).

18. Oktober 1923
Äbtissin von Rohr verstirbt im Alter von 68 Jahren. Sie wird in Seefeld beigesetzt.

unsere Klasse beim Zeichnen mit Fräulein v. Planitz

der Weg an der

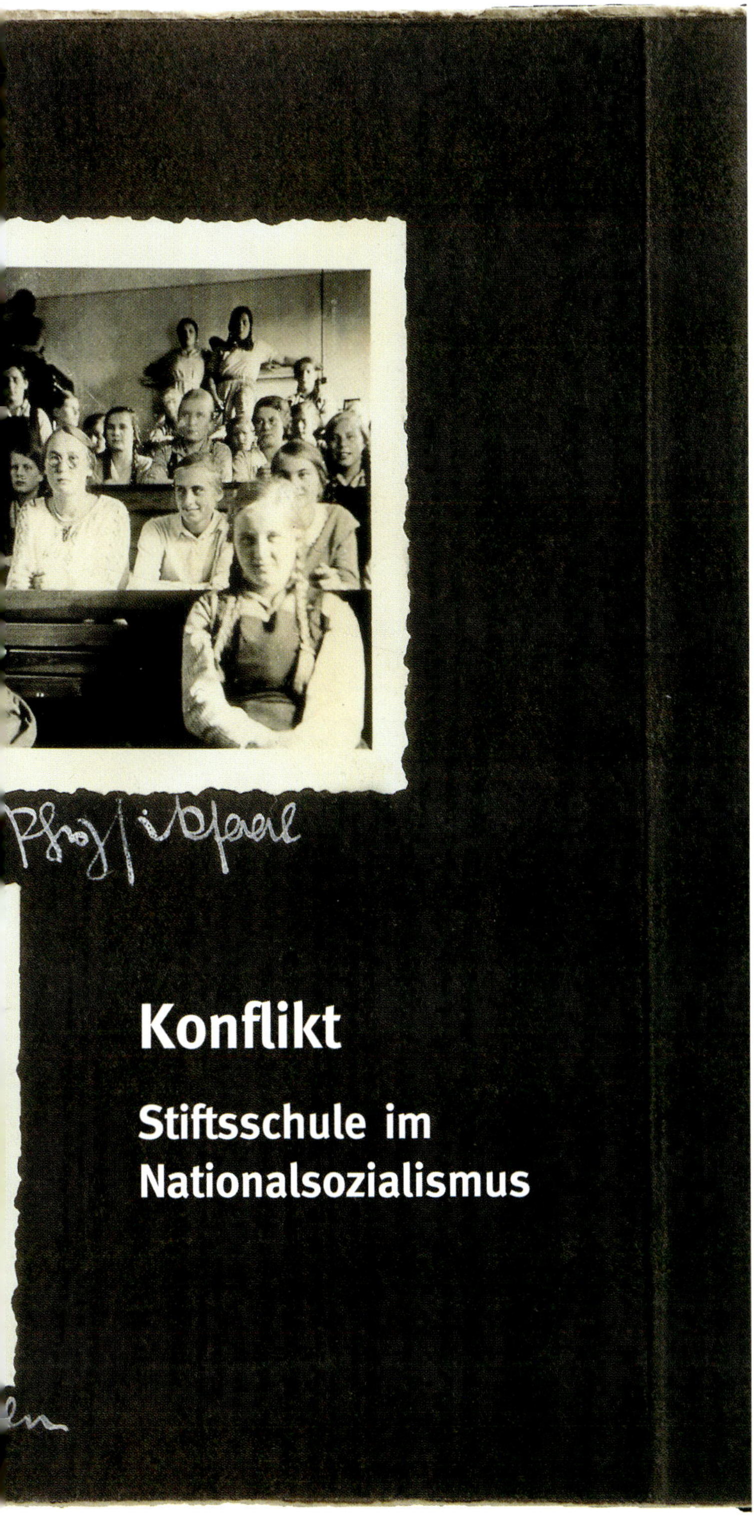

Konflikt

Stiftsschule im Nationalsozialismus

Wahrung der Selbständigkeit und der christlichen Erziehungsinhalte gegen die Einflußnahme des Nationalsozialismus war die Hauptaufgabe der Äbtissinnen in der Zeit nach 1933. Eine Seite aus dem Fotoalbum der Stiftsschülerin Elisabeth von der Recke, 1933–1934

Christa Stache

Auseinandersetzung mit der nationalsozialistischen Schulpolitik

Das Kloster Stift zum Heiligengrabe und seine Erziehungsanstalt 1933–1945

Im Kloster Stift zum Heiligengrabe wurde die nationalsozialistische Machtergreifung zunächst eher positiv aufgenommen. Diese Haltung war in konservativen, evangelischen Kreisen in Deutschland weit verbreitet, schließlich bekannte sich der Nationalsozialismus in seinem Parteiprogramm zu einem positiven Christentum. Allerdings zeigte sich schon im Frühjahr 1933, daß gerade im Bereich der Schule und der Jugenderziehung zwischen den christlichen Kirchen und dem nationalsozialistischen Staat Gegensätze aufbrachen. Reichsinnenminister Frick, aber auch Hitler selbst ließen keine Zweifel daran, daß das Ziel der Schulerziehung die Ausbildung des

Aufmarsch des Bundes Deutscher Mädel in Heiligengrabe, 1934

nationalsozialistischen Menschen sein würde, der nicht mehr von christlichen Grundsätzen geprägt war. Angriffe auf die traditionelle Stellung der Kirche in der Schule und auf kirchliche Erziehungseinrichtungen ließen daher nicht lange auf sich warten.

Der erste Konflikt zwischen dem nationalsozialistischen Staat und Heiligengrabe entwickelte sich aus persönlichen Unzulänglichkeiten und Animositäten: Heiligengrabe war kirchlich mit der Pfarrei Techow verbunden, die zum Patronat von Heiligengrabe gehörte. Der Pfarrer von Techow war seit Ende des 19. Jahrhunderts im Nebenamt Schulleiter in der Erziehungsanstalt Heiligengrabe. Seit 1903 hatte diese Stelle Karl Oestreich inne. Als Pfarrer erfüllte er wohl seine Pflichten,[1] die Funktion als Schulleiter in Heiligengrabe überforderte ihn aber offenbar. Schon in der Amtszeit der Äbtissin Adolphine von Rohr kam es immer wieder zu Spannungen zwischen ihr und dem Schulleiter; unter ihrer Nachfolgerin Elisabeth von Saldern verschlechterte sich das Verhältnis rapide. Mehrfach versuchte die Äbtissin, Karl Oestreich zu einem Wechsel der Pfarrstelle zu veranlassen, sie scheiterte jedoch stets an dessen Widerstand. Als es 1933 auch in seiner Gemeinde zu Konflikten und einer Beschwerde beim Konsistorium in Berlin kam, schien seine Lage unhaltbar.[2]

Seine politische Seite erhielt der Konflikt dadurch, daß Karl Oestreich sich dem Nationalsozialismus angeschlossen und seine Aufnahme in die NSDAP beantragt hatte. Er veranlaßte in Heiligengrabe die Gründung eines BDM (Bund Deutscher Mädel), verbreitete nationalsozialistisches Gedankengut und erregte damit Anstoß bei vielen Stiftsdamen.

Erste Konflikte mit Polizei und Schulaufsichtsbehörde

Vermutlich um seinem in Bedrängnis geratenen Vater zu helfen, zeigte Lothar Oestreich, der älteste Sohn von Karl Oestreich, am 26. 5. 1934 die Äbtissin Elisabeth von Saldern und Stiftsdame Helene von der Planitz wegen verschiedener negativer Äußerungen über den Nationalsozialismus an.[3] Noch bevor die Anzeige im Stift bekannt war, wurde mit Schreiben vom 1. 6. 1934 das Anstellungsverhältnis von Karl Oestreich als Schulleiter in Heiligengrabe zum 30. 9. 1934 aufgelöst.[4]

Am 27. 7. 1934 erschien die Staatspolizei in Heiligengrabe. Sowohl die Äbtissin als auch die Schülerinnen waren verreist, vernommen wurden lediglich die Stiftsdamen Annemarie von Auerswald, seit 1932 Mitglied der NSDAP, und Marianne von Heydekampf, Stellvertreterin der Äbtissin. Der letzteren wurde erklärt, daß man nicht länger dulden werde, daß in Heiligengrabe eine Erziehung betrieben werde, die dem Geist des nationalsozialistischen Staates entgegenstehe. Von Heydekampf unterrichtete sofort die Äbtissin von den Vorgängen, die ihrerseits das Kuratorium informierte. Am 4. 8. 1934 war Elisabeth von Saldern zur Vernehmung vorgeladen. Laut Protokoll widersprach sie den ihr vorgeworfenen Aussagen nicht grundsätzlich, schwächte sie aber ab, indem sie sie in einen Zusammenhang stellte, der sie harmlos erscheinen ließ. Als Fazit des Vorfalls schrieb die Staatspolizeistelle für den Regierungsbezirk Potsdam am 13. 8. 1934 an den Oberpräsidenten der Provinz Brandenburg: „Die Ermittlungen ergaben, dass ‚Heiligengrabe' als Erziehungsanstalt junger Mädchen anzusehen ist und deren reaktionäre Lehrerschaft einschließlich der Fr. von Saldern sich zum großen Teil nur äußerlich den Formen des Dritten Reiches anpassen." Es scheint geboten, „in der Leitung eine Aenderung vorzunehmen und die Lehrerschaft durch jüngere nationalsozialistische Kräfte zu unterstützen, damit weitere reaktionäre Vorkommnisse unterbleiben."[5] Daraufhin ordnete der Oberpräsident eine überraschende Revision des Lyzeums an, die am 29. 8. 1934 von der Schulaufsichtsbehörde durchgeführt wurde.

Der Bericht über die Inspektion beschreibt die Schule, erwähnt, daß viele Schülerinnen Mitglied im Bund deutscher Mädel und im Volksbund für das Deutschtum im Ausland (VDA) sind, und fast alle Lehrerinnen im Nationalsozialistischen Lehrerbund (NSLB) und führt als Fazit aus: „[...] das Lyceum Heiligengrabe ist insofern eine Standesschule, als es überwiegend von Schülerinnen aus adeligen Kreisen besucht wird. Der Geist, der in dieser Schülerschaft herrscht, kann jedoch, soweit es sich bei einem einmaligen Besuche erkennen lässt, nicht als reaktionär, als Klassen- oder Standesgeist bezeichnet werden. Dem gegenüber erscheinen mir die Äbtissin wie auch die drei an der Anstalt unterrichtenden Stiftsdamen [...] nicht imstande, sich völlig auf die heutige Zeit einzustellen und daher nicht geeignet, den Unterricht im nationalsozialistischen Sinne wirklich mit innerer Überzeugung zu erteilen. Ich wür-

Klassenfoto mit Friedelind Wagner (letzte Reihe, fünfte von rechts), 1935

de also hinsichtlich des Lyzeums in Heiligengrabe drei Forderungen für die Zukunft stellen:

1) der Einfluß der jetzigen Äbtissin in der Schule muß beseitigt werden (Einstellung eines hauptamtlichen NS-Schulleiters).
2) Die drei genannten Stiftsdamen [von Lindeier, von Wulffen, von Saenger] müssen aus dem Unterricht herausgezogen werden.
3) das Verhältnis zwischen adeligen und nicht adeligen Schülerinnen muß zugunsten der letzteren geändert und es muß verlangt werden, daß auch Kindern der ärmeren Kreise der Besuch des Lyzeums ermöglicht wird (durch anderweitige Vergabe der 20 Freistellen)."[6]

Unterstützung für Heiligengrabe

Mittlerweile war Elisabeth von Saldern ihrerseits auch aktiv geworden: am 22. 8. 1934 schrieb sie an Winifried Wagner,[7] deren Tochter Friedelind Schülerin in Heiligengrabe war, und bat sie um Unterstützung für die Schule. Winifried Wagner reagierte prompt. Am 2. 9. 1934 ging beim Oberpräsidenten von Brandenburg, Wilhelm Kube,[8] ein Telegramm von ihr ein, in dem die Anschuldigungen gegen Heiligengrabe als Denunziation bezeichnet wurden. „Eine ehrgeizige Stiftsdame und ein hundertzehnprozentiger Pfarrer versuchen die Stiftsschule Heiligengrabe und deren Leiterin Äbtissin von Saldern als reaktionär und die Schule als Fremdkörper im heutigen Staat zu denunzieren. Eine Schule, in der meine Tochter das dritte Jahr erzogen wird, ist bestimmt keines von beiden [...]."[9] Das gleiche Telegramm sandte sie an den Reichsminister für Erziehung, Wissenschaft und Volksbildung, Bernhard Rust.[10]

Äbtissin Elisabeth von Saldern in Bayreuth, um 1937

Elisabeth von Saldern nutzte auch andere persönliche Kontakte, die es ihr ermöglichten, Unterstützung auf der oberen Machtebene des Staatsapparates zu suchen. Sie informierte August-Wilhelm von Preußen[11] und vor allem den Reichsfinanzminister Ludwig Graf Schwerin von Krosigk,[12] der der Äbtissin einen Termin bei Minister Rust verschaffte, damit sie persönlich die Angelegenheit von Heiligengrabe vorbringen konnte. Nach diesem Gespräch, das offenbar recht positiv verlaufen war, bat sie Winifried Wagner, dem Minister eine Schrift über die Arbeit von Heiligengrabe zu übersenden, die Winifried Wagner verfaßt hatte und die von der Äbtissin überarbeitet worden war. Winifried Wagner erledigte den Auftrag umgehend.[13]

In Heiligengrabe beruhigte sich die Lage in den folgenden Monaten. Zum 1. 1. 1935 übernahm ein neuer Schulleiter das Amt, Dr. Otto Schlißke,[14] Theologe mit Unterrichtsbefähigung in den Fächern Religion, Deutsch und Geschichte. Er war Deutscher Christ und Mitglied der NSDAP. Seine Anstellung war ein Zugeständnis an den Nationalsozialistischen Staat, ein Versuch, auf diese Weise das Überleben der Anstalt zu sichern.

Elisabeth von Saldern übte allerdings weiterhin ihren prägenden Einfluß auf das Stift und auf die Schule aus und ließ sich von dem nationalsozialistischen Schulleiter in keiner Weise einschränken. Zwischen der Äbtissin und Schlißke entwickelte sich nach kurzer Zeit ein spannungsreiches Verhältnis, und schon 1936 zeichnete sich ab, daß die Gegensätze kaum noch zu überbrücken sein würden.

Im November 1936 besuchte Oskar Söhngen,[15] Mitglied des Kuratoriums von Heiligengrabe und Oberkonsistorialrat im Evangelischen Oberkirchenrat, das Stift. In seinem ausführlichen Bericht über die Situation in Heiligengrabe äußerte er unter anderem die Hoffnung, daß es zu einem Ausgleich zwischen den beiden gekommen sei und Schlißke sich darauf eingestellt habe, für längere Zeit in Heiligengrabe zu bleiben.[16]

Suche nach Kompromissen

Es kam anders: Am 11. 6. 1937 teilte Schlißke dem Kuratorium mit, daß ihm „unter der derzeitigen Äbtissin eine weitere Arbeit im Stift unmöglich geworden" sei, und reichte sein Entlassungsgesuch ein. In einem ausführlichen „Bericht über die Unmöglichkeit einer gedeihlichen evangelischen Erziehungsarbeit im Stift Heiligengrabe" legte er die Schwierigkeiten, die sich zwischen ihm und der Äbtissin aufgebaut hatten, dar und kam zu dem Schluß: „Nachdem ich über 2 Jahre versucht habe, die Umgestaltung der Erziehung in moderne Formen unter Wahrung des bewusst evangelischen Kernes zu erreichen und damit anderen Mächten die Angriffsmöglichkeiten gegen die evangelische Zelle zu nehmen, muss ich feststellen, dass das unter Frau Äbtissin von Saldern unmöglich ist." Eindringlich warnte er, daß das Wirken der Äbtissin die Existenz der Schule gefährden würde.[17]

Im Kuratorium wurde diese Drohung sehr ernst genommen. Die Befürchtung, daß die Schulbehörde den Abgang von Schlißke zum Anlaß nehmen würde, die Schule zu schließen, erwies sich jedoch als unbegründet. Der Oberpräsident von Brandenburg forderte nur, daß organisatorische Veränderungen in Heiligengrabe durchgeführt werden. Nun wurden von

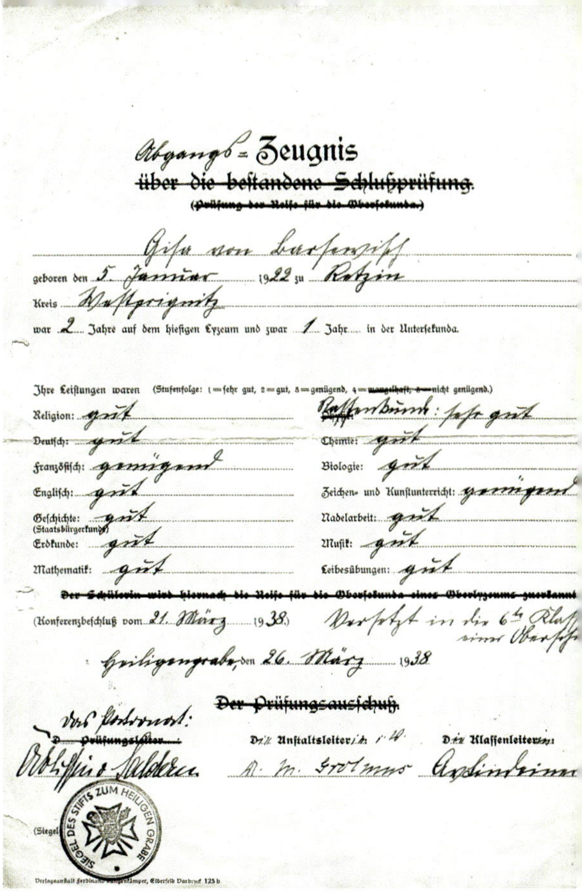
~~Abgangs~~-Zeugnis
~~über die bestandene Schlußprüfung.~~
~~(Prüfung der Reife für die Obersekunda)~~

Gisa von Barsewisch
geboren den 5. Januar 1922 zu Ratzin
Kreis Westprignitz
war 2 Jahre auf dem hiesigen Lyzeum und zwar 1 Jahr in der Untersekunda.

Ihre Leistungen waren (Stufenfolge: 1 = sehr gut, 2 = gut, 3 = genügend, 4 = ~~mangelhaft, 5 =~~ nicht genügend.)

Religion:	gut	Rassenkunde:	sehr gut
Deutsch:	gut	Chemie:	gut
Französisch:	genügend	Biologie:	gut
Englisch:	gut	Zeichen- und Kunstunterricht:	genügend
Geschichte: (Staatsbürgerkunde)	gut	Nadelarbeit:	gut
Erdkunde:	gut	Musik:	gut
Mathematik:	gut	Leibesübungen:	gut

~~Der Schülerin wird hiernach die Reife für die Obersekunda eines Oberlyzeums zuerkannt~~

(Konferenzbeschluß vom 21. März 1938) Versetzt in die 6te Klasse einer Oberschule

Heiligengrabe, den 26. März 1938

~~Der Prüfungsausschuß.~~

Das Kuratorium: ~~D. Prüfungsleiter.~~
Äbtissin v. Saldern

Die Anstaltsleiterin i. V.
Dr. M. Grolmus

Die Klassenleiterin:

(Siegel)

Verlagsanstalt Ferdinand Langenkämper, Elberfeld Vordruck 125 b

Abgangszeugnis für Gisa von Barsewisch, 26. März 1938

beiden Seiten Satzungsentwürfe und Gutachten erstellt und ausgetauscht, ohne daß Entscheidungen fielen.[18]

Auf Drängen der Äbtissin übernahm am 1. 7. 1937 der Reichsfinanzminister Graf Schwerin von Krosigk das Amt des Stiftshauptmannes von Heiligengrabe; sicher war auch das ein Versuch, eine weitere Rückversicherung für Heiligengrabe zu schaffen. Die Leitung der Schule wurde 1937 kommissarisch der fähigsten und eindruckvollsten Lehrerin von Heiligengrabe, Dr. Margarete Grolmus,[19] übertragen. Diese Lösung war zunächst als Provisorium gedacht, wurde aber von Jahr zu Jahr verlängert, bis sie endlich 1944 offiziell mit dem Amt betraut wurde.[20]

Der erfolgreiche Kampf um die Wahrung der äußeren Selbständigkeit verhinderte jedoch nicht, daß der Nationalsozialismus in Heiligengrabe einzog. Die Stiftsdame Annemarie von Auerswald hatte als Parteimitglied in verschiedenen lokalen Organisationen Führungsfunktionen inne. Von den Lehrkräften waren fast alle im Nationalsozialistischen Lehrerbund (NSLB), ein großer Teil der Schülerinnen war im BDM, wobei sicher nicht alle aus Überzeugung der nationalsozialistischen Organisation beigetreten waren. Heiligengrabe war kein Hort des Widerstandes, schließlich kam ein Teil der Schülerinnen aus Familien, die dem Nationalsozialismus zuneigten. Der Alltag war geprägt durch die Gepflogenheiten und Rituale der nationalsozialistischen Organisationen. Feiern zu Führers Geburtstag oder zum Heldengedenktag, Fahnenappell und Fackelzug des BDM waren selbstverständlich. Daneben behielten aber die kirchlichen Feiertage ebenso wie die regelmäßigen Andachten und Gottesdienste ihren festen Platz.[21]

Der hohe Stellenwert, den die Leibeserziehung genoß, bescherte der Schule 1937 eine neue Turnhalle, die auf staatliches Verlangen schon 1939 erweitert werden sollte, und einen Tennisplatz. Beides brachte große finanzielle Belastungen mit sich.

Auch die nationalsozialistischen Grundsätze der Mädchenerziehung, nach denen Mädchen in der Schule auf ihre Rolle in der Familie als Frau und Mutter vorbereitet werden, nicht aber eine wissenschaftliche Ausbildung erhalten sollten, zeigten Wirkung. Erst 1930 hatte Heiligengrabe die Möglichkeit bekommen, einen Vorbereitungskurs für das Abitur durchzuführen. 1933 bestanden die ersten Abiturientinnen aus Heiligengrabe vor der staatlichen Prüfungskommission in Berlin die Reifeprüfung. Dieser Oberkurs wurde 1934 abgeschafft. 1935 wurde eine „Selekta" eingerichtet, eine Privatklasse zur Vorbereitung auf das Abitur, die nicht der staatlichen Schulaufsicht unterlag. Auch sie wurde 1936 wieder aufgelöst.

Nachdem durch eine weitere Verordnung über das Mädchenschulwesen die Untersekunda weggefallen war, bat die Stiftsverwaltung am 8. 1. 1938 den Kulturminister, eine sechste sprachliche Klasse einrichten zu können, da die meisten Eltern für ihre Töchter eine eher wissenschaftliche Ausbildung in Heiligengrabe wünschten, und betonte, daß das Stift großen Wert auf die staatliche Anerkennung lege. 1940 wurde eine sechste hauswirtschaftliche Klasse in Heiligengrabe eingerichtet. Auf dringenden Wunsch der Eltern bat die Äbtissin wiederum, daneben einen privaten sprachlichen Kurs für Mädchen zu genehmigen.[22] Die höhere Schulbildung für Mädchen war in dieser Zeit bereits nicht mehr selbstverständlich.

Anhaltende Auseinandersetzungen

Am 30. 8. 1938 starb Elisabeth von Saldern. Nachfolgerin wurde Armgard von Alvensleben, die selbst in Heiligengrabe erzogen worden war. Sie vertrat mit der gleichen Energie wie ihre Vorgängerin die Interessen des Stifts.

Die Frage nach dem Status von Heiligengrabe war immer noch ungewiß. Am 19. 8. 1939 ersuchte der Oberpräsident von Brandenburg dringend um Übersendung aller Statuten und sonstiger Unterlagen zum rechtlichen Status von Heiligengrabe, ferner um „Bericht über den augenblicklichen Stand der konfessionellen Einrichtungen [...] und welche Vorschläge gemacht werden, um den ministeriellen Forderungen auf Entkonfessionalisierung sämtlicher Schulen und Heime in möglichst kurzer Zeit [...] zu genügen."[23] Daraufhin bat Armgard von Alvensleben in einem persönlichen Gespräch den preußischen Finanzminister Johannes Popitz,[24] im Kultusministerium den Stand der Dinge zu erforschen.[25] Seine Antwort war beruhigend: nach seinem Eindruck würden die zuständigen Herren im Augenblick nichts Ernsthaftes gegen die Schule unternehmen. Offensichtlich war man auch im Oberpräsidium und im Kultusministerium bestrebt, eine Entscheidung hinauszuschieben.

Erst gegen Mitte des Jahres 1942 wurde der Druck stärker.[26] Die Schule in Heiligengrabe wurde der Inspektion der Heimschulen unterstellt, die die Gleichschaltung der privaten

Ausbildungseinrichtungen durchführen sollte. Die Verstaatlichung schien nun eine beschlossene Sache zu sein. Im Dezember 1942 wurde wieder ein Satzungsentwurf diskutiert, der an der Selbständigkeit der Schule und des Stiftes festhielt. Vom evangelischen Charakter war allerdings nicht mehr die Rede, vielmehr sollte die „Erziehung der Zöglinge in Schule und Heim [...] nach den Grundsätzen der nationalsozialistischen Weltanschauung erfolgen".[27] Äbtissin von Alvensleben stellte in Aussicht, der Satzung zuzustimmen, unter der Bedingung, daß Margarete Grolmus als Heimleiterin eingesetzt wird. Offenbar war sie überzeugt, daß auf diese Weise weiterhin der Weg der äußeren Anpassung beschritten werden könnte, ohne daß der nationalsozialistischen Weltanschauung in der tatsächlichen Arbeit der Schule allzu viel Raum gegeben würde.

Schülerinnen gratulieren Äbtissin Armgard von Alvensleben zu ihrer Einführung, 1939

Im Oberpräsidium wurde jedoch keine Entscheidung getroffen, sondern es wurde im Februar 1943 die Frage aufgeworfen, ob es überhaupt noch lohne, die Satzungen zu genehmigen oder ob man nicht gleich verstaatlichen sollte. Von Seiten des Stiftes wurde weiterhin Verzögerungstaktik angewandt. Die Stiftsverwaltung betonte, daß sie zwar nicht verkenne, daß die Verstaatlichung von Schule und Heim für die Lösung mancher Aufgaben von Vorteil wäre, sie würde aber auch schwerwiegende Probleme aufwerfen. Umständlich wurde dem Oberpräsidium auseinandergesetzt, wie kompliziert die Verquickung von Schule, Internat und Stift sei, so daß ein Herauslösen von Schule und Internat fast unmöglich erschien. Andererseits wurde von der Äbtissin auch immer wieder angemahnt, daß endlich die Schule als öffentliche Anstalt anerkannt und Frau Dr. Grolmus endgültig mit der Schulleitung betraut werden sollte. Im November 1943 war der Stand so, daß „die weiteren Verhandlungen über die Verstaatlichung der Stiftsschule Heiligengrabe bis zur endgültigen Erledigung der weniger kompliziert liegenden Verstaatlichungsfälle vorläufig ausgesetzt werden sollen [...]".[28]

Die Verhandlungen zogen sich 1944 über das ganze Jahr hin. Die letzte Inspektion des Stiftes fand im Dezember 1944 statt. Die Äbtissin bat in dem abschließenden Gespräch dringend, die Verstaatlichung doch erst im Frieden durchzuführen.

Ende April 1945 stellte die Schule ihre Arbeit ein, da fast alle Schülerinnen wegen der bedrohlichen Lage von ihren Eltern nach Hause geholt worden waren. Die letzten acht Schülerinnen wurden von der Äbtissin auf den Weg nach Holstein geschickt. Im letzten Schuljahr besuchten etwa 120 Mädchen die Schule. Das Stift wurde am 2. 5. 1945 von der russischen Armee besetzt.

Zwischen Anpassung und Abgrenzung

Heiligengrabe konnte trotz aller Angriffe als einzige kirchliche Stiftung und Schule in dieser Zeit seine Selbständigkeit wahren.[29] Ein Grund lag sicher in dem besonderen Charakter von Heiligengrabe, das als Ausbildungsstätte vieler Töchter aus preußischen Adelsfamilien Förderer hatte, die im staatlichen und gesellschaftlichen Leben bedeutende Stellungen innehatten. Heiligengrabe war dadurch nicht nur auf die Hilfe und Unterstützung einer Kirchenbehörde angewiesen. Vor allem Äbtissin Elisabeth von Saldern wußte ihre persönlichen Kontakte geschickt einzusetzen, um Protektion für das Stift zu finden. Dabei mußte sie den Weg einer teilweisen Anpassung an den nationalsozialistischen Staat einschlagen. Ihre Bündnispartner waren Akteure innerhalb des Systems; nur so hatten sie Möglichkeiten und Macht zur Hilfeleistung. Auch innerhalb der Schule machten sie und ihre Nachfolgerin Zugeständnisse an staatliche Forderungen, wobei sie selbst, ebenso wie Margarete Grolmus und später Armgard von Alvensleben nach allen Kräften dafür einstanden, daß in Heiligengrabe evangelisches Christentum und preußische Tradition lebendig blieben und nicht ganz vom Geist des Nationalsozialismus verdrängt wurden.

1 Visitationsberichte in: Landeskirchliches Archiv Berlin-Brandenburg (LABB) 14/12313.
2 Dazu: StAH, Nr. 832, Nr. 592; LABB 14/12308.
3 Vgl. EZA 22/102; StAH, Nr. 592.
4 Karl Oestreich behinderte immer wieder eine Konsolidierung der Lage. Er und seine Frau wurden in den folgenden Jahren bei allen möglichen kirchlichen und politischen Stellen vorstellig mit der Bitte, die alte Situation wiederherzustellen oder ihn in eine andere, lukrativere Pfarrstelle zu versetzen. Er blieb in Techow, bis er am 1. 10. 1938 aus Altersgründen in den Ruhestand trat; LABB 14/12308; StAH; Nr. 832 und Nr. 592.
5 Abschrift in: EZA 22/102.
6 BLHA, Provinzialschul-Kollegium Berlin Rep. 34/5610. Zit. nach Neese, Nora: Stift Heiligengrabe. Ein Erinnerungsbuch, Teil II, Salzgitter 1992 (Selbstverlag), S. 441 f. Unmittelbare Folge des Besuches war, daß drei Stiftsdamen die Unterrichtserlaubnis entzogen wurde. Das wiederum hatte zur Folge, daß der Oberkurs, die Vorbereitungsklasse zum Abitur, nicht mehr unterrichtet werden konnte, die acht Schülerinnen dieser Klasse mußten umgehend eine Lösung suchen, wie sie trotzdem im darauf folgenden Frühjahr ihr Abitur ablegen konnten.
7 Winifried Wagner (1897–1980), verheiratet mit Siegfried Wagner, nach dessen Tod von 1930 bis 1944 Leiterin der Bayreuther Festspiele, die sie zu einer Kultstätte des Nationalsozialismus ausgestaltete; freundschaftliche Beziehung zu Adolf Hitler.
8 Wilhelm Kube (1887–1943), 1932 Mitbegründer der Glaubensbewegung Deutsche Christen, 1933–1936 Oberpräsident von Brandenburg, Gauleiter der Ostmark, 1941 Generalkommissar für Weißruthenien. Kube gab den ganzen Vorgang schließlich an Göring, Heß und von Schirach weiter.

9 Abschrift in EZA 22/102.
10 Bernhard Rust (1883–1945), Gauleiter von Hannover, 1933 Reichsminister, 1945 Selbstmord.
11 Prinz von Preußen (1887–1949), 1929 Mitglied der NSDAP, auf Hitlers Wunsch erhält er ehrenhalber die Mitgliedsnummer 24, seit 1933 Mitglied der SA, 1939 Obergruppenführer.
12 Ludwig Graf Schwerin von Krosigk (1887–1977), 1932–1945 Reichsfinanzminister, 1945 in der Regierung Dönitz Reichskanzler, 1949 als Kriegsverbrecher zu 10 Jahren Haft verurteilt.
13 StAH, Nr. 592; Winifried Wagner teilte am 11. 10. 1934 mit, daß sie vor kurzem den Führer zu Besuch gehabt und ihm persönlich die Angelegenheit Heiligengrabe vorgetragen habe. Äbtissin von Saldern hatte 1937 selbst Gelegenheit, Hitler über Heiligengrabe zu berichten, als sie ihn während eines Aufenthaltes bei den Bayreuther Festspielen bei Winifried Wagner traf. Neese, a.a.O., S. 277.
14 Otto Schlißke (1906–1975), 1935–1937 Schulleiter in Heiligengrabe, 1937–1939 Studienrat in Potsdam, 1939–1945 Wehrmacht, 1947–1952 Pfarrer in Jever, 1953–1971 hauptamtlicher Schulreferent im Kirchenkreis Essen.
15 Oskar Söhngen (1900–1983), 1932 Mitglied des Evangelischen Oberkirchenrats, 1933 in den Wartestand versetzt, seit 1936 wieder im EOK, 1945–1967 Vizepräsident.
16 Vermerk vom 1. 12. 1936 in EZA 22/102.
17 Schlißke an das Kuratorium vom 11. 6. 1937 in EZA 22/157. Tatsächlich hatte Schlißke wohl versucht, Heiligengrabe in erheblichem Maß nationalsozialistisch zu beeinflussen. Dazu Bericht von Margarete Grolmus, EO I 6184/45 in EZA 22/99; auch: Neese, a.a.O., S. 526 ff.
18 Dazu EZA 22/99.
19 Margarete Grolmus (1889–1974), Tochter des Pfarrers Friedrich Grolmus; Besuch der Höheren Töchterschule in Zerbst und der Antoinettenschule in Dessau, 1906 mit Abgangszeugnis 1a beendet, Besuch des Lehrerinnenseminars der Franckeschen Stiftungen in Halle als Gasthörerin, 1909 Sprachlehrerinnenexamen für Französisch und Englisch in Magdeburg, nach dem Tod des Vaters Entschluß, Naturwissenschaften zu studieren: 1912 Reifeprüfung am Realgymnasium Langensalza, Studium der Mathematik und Naturwissenschaften in Halle, 1917 Promotion mit Magna cum laude, 1918 Staatsexamen in den Hauptfächern Mathematik, Physik und Chemie, daneben Beschäftigung mit pädagogischen Fragen, vertretungsweise als Lehrerin in Halle tätig; 1920 als Lehrerin für Mathematik und Naturwissenschaften nach Heiligengrabe, 1937 zunächst kommissarische Schulleiterin, 1944 Ernennung zur Oberstudienrätin und Beamtin auf Lebenszeit, nach dem Krieg Katechetin in ihrer Heimatstadt Gutenberg. StAH, Nr. 1358.
20 Neese, a.a.O. S. 548.
21 Vgl. Nachrichtenblatt des Bundes Alter Heiligengraberinnen. Nach Neese, a.a.O., S. 265–287.
22 EZA 22/99 und 22/157.
23 EZA 22/157.
24 Johannes Popitz (1884–1945), Reichsfinanzminister 1919–1929, 1933 preußischer Finanzminister. Sein Rücktrittsgesuch wegen der Judenpogrome 1938 wurde abgelehnt, Kontakt zum Widerstand, nach dem 20. Juli 1944 zum Tode verurteilt, am 2. 2. 1945 hingerichtet.
25 Schreiben vom 9. 9. 1939 an den EOK, 22/157.
26 Im folgenden nach Neese, a.a.O., S. 453–461.
27 § 4, zit. nach Neese, a.a.O. S. 454
28 Oberpräsident an den Kultusminister vom 5. 11. 1943, zitiert nach Neese, a.a.O., S. 457.
29 Zum Schicksal anderer kirchlicher Ausbildungsstätten in Preußen vgl. Meyer, Kurt: Der Evangelische Kirchenkampf. Band. 3, Göttingen 1984, S. 202. Auch: Detlef Minkner: Die Hoffbauerstiftung in Hermannswerder bei Potsdam in de Jahre 1933–1945, in: Jahrbuch für Berlin-Brandenburgische Kirchengeschichte, 1991, S. 281–314.

Als ehemalige Oberhofmeisterin blieb Äbtissin von Saldern zeitlebens in enger Verbindung zur kaiserlichen Familie. Bildnis der Äbtissin Elisabeth von Saldern, Öl auf Leinwand, undat.

Elisabeth von Saldern
(Amtszeit 1924–1938)

5. Juli 1878
Elisabeth von Saldern wird als viertes Kind des Landrats Johannes von Saldern, ab 1886 Königlich Preußischer Präsident und Landesdirektors der Fürstentümer Waldeck und Pyrmont mit Sitz in Arolsen, und Margarethe, geb. Gräfin von Hohenthal in Laubahn / Schlesien geboren.

1892
Im Alter von 14 Jahren wird sie in die Schule nach Droyssig, Kreis Weißenfels, geschickt. Sie besucht dort das Lehrerinnenbildungs-

institut und legt ein Examen ab, das sie zum Unterricht an mittleren und höheren Schulen berechtigt.

April 1901 bis Juli 1902
Elisabeth von Saldern ist als freiwillige Lehrerin in Heiligengrabe tätig.

1904
Nach einem Sprachstudium in England übernimmt Elisabeth von Saldern die Erziehung von Prinzessin Viktoria Luise, Tochter von Wilhelm II. und Auguste-Viktoria.

1906
Elisabeth von Saldern wird zur Obergouvernante ernannt. Im gleichen Jahr beantragt das Kaiserpaar eine Minorinnenstelle im Damenstift Heiligengrabe für sie, um ihre Versorgung zu sichern.

1910
Nach der Einsegnung von Viktoria Luise wird Elisabeth von Saldern vom Hofdienst entbunden. Sie erhält vom Kaiserhaus eine jährliche Rente und vertritt bis 1913 des öfteren die Hofdame der Prinzessin Viktoria Luise.

31. August 1910
Elisabeth von Saldern erhält eine Stelle als Konventualin in Heiligengrabe, lebt jedoch weiterhin in Potsdam.

1. Januar 1924
Das Kuratorium des Stiftes Heiligengrabe ernennt Elisabeth von Saldern zur Äbtissin. Der Kaiser befürwortet die Übernahme dieses Amtes. Er nimmt auch nach seiner Abdankung Anteil am Geschehen in Heiligengrabe. Die Äbtissin besucht ihn des öfteren in seinem Exil in Doorn.

1926
Elisabeth von Saldern verlegt die Unterrichtsräume der Schule aus der Abtei in das ehemalige Stiftshauptmannshaus. Es wird unter anderem ein Physiksaal eingerichtet.

1934
Wegen staatsfeindlicher Äußerungen wird Elisabeth von Saldern vom Sohn des Schulleiters und Stiftspastors Karl Oestreich bei der Geheimen Staatspolizei angezeigt. Sie bittet Prinz August Wilhelm, den späteren Stiftshauptmann Graf Schwerin von Krosigk sowie Winifried Wagner, deren älteste Tochter als Schülerin in Heiligengrabe ist, um Unterstützung.

30. August 1938
Äbtissin von Saldern verstirbt im Alter von 60 Jahren.

Eine ehemalige Schülerin malte die Äbtissin posthum. Bildnis der Äbtissin Armgard von Alvensleben, Elisabeth von Kleist, Öl auf Leinwand, 1996

Äbtissin Armgard von Alvensleben

geb. von Knebel-Doeberitz (Amtszeit 1938–1945)[1]

13. Januar 1893

Armgard von Knebel-Doeberitz wird als Tochter des Landwirts Edgar von Knebel-Doeberitz und Dora von Biel in Friedrichsdorf / Pommern, geboren.

Ostern 1907 bis Ostern 1910

Nachdem sie zunächst im Haus ihrer Eltern unterrichtet wurde, besucht Armgard von Knebel-Doeberitz drei Jahre lang die Stiftsschule in Heiligengrabe und in der darauffolgenden Zeit eine Haushaltungsschule in Tambach / Thüringen.

4. April 1913
Sie heiratet den Landwirt und Leutnant der Reserve Joachim von Alvensleben. Nach dessen frühzeitigem Tod 1914 erzieht sie die Tochter allein.

1921 bis Herbst 1923
Armgard von Alvensleben ist als Sekretärin bei der Deutschen Adelsgenossenschaft tätig.

1924 bis 1929
Mit Unterbrechungen arbeitet Armgard von Alvensleben als Helferin im Kaiser-Wilhelm-Krankenhaus zu Köslin-Salem (Pommern) in der Krankenpflege. Sie legt 1927 ein Examen in der Säuglings-Gymnastik ab und besteht 1929 das staatliche Krankenpflegeexamen.

1929 bis 1935
Armgard von Alvensleben ist vertretungsweise als Stationsschwester der chirurgischen Frauenstation zu Köslin und im Lazarus-Krankenhaus Berlin tätig. Zwei bis drei Pensionärinnen leben in ihrem Haushalt.

1937
Am 1. Januar wird Armgard von Alvensleben Generalsekretärin der Deutschen Evangelischen Bahnhofsmission. Von Juli bis September ist sie probeweise als Oberin im Sanatorium Berlin-Nikolassee tätig.

Januar 1938 bis Anfang 1939
Armgard von Alvensleben übernimmt die Geschäftsführung des Reichsverbandes der Evangelischen Deutschen Bahnhofsmission Berlin-Dahlem.

29. November 1938
Das Kuratorium befürwortet die Berufung von Armgard von Alvensleben zur Äbtissin in Heiligengrabe, trotzdem von Seiten der NSDAP die Einsetzung der Reichsfrauenführerin aus München vorgeschlagen wurde. Sie wird am 21. Mai 1939 als Äbtissin eingeführt.

1945
Die Stiftsschule wird aufgelöst. Armgard von Alvensleben verläßt gemeinsam mit den letzten Schülerinnen Heiligengrabe.

1946 bis 1966
Armgard von Alvensleben wird Vorsitzende des Bundes Alter Heiligengraberinnen. Mit großem Engagement fördert sie den Wiederaufbau der Evangelischen Deutschen Bahnhofsmission in Hannover und ist ab 1948 als Geschäftsführerin tätig.

1959
Sie erhält das Große Bundesverdienstkreuz am Bande.

1966
Nach ihrer Pensionierung bleibt Armgard von Alvensleben stellvertretende Vorsitzende des „Vereins der Freundinnen junger Mädchen“ und Mitglied im Deutschen Evangelischen Frauenbund.

14. September 1970
Armgard von Alvensleben stirbt im Alter von 77 Jahren in Celle.

[1] Das Ende der Amtszeit wurde von der EKU mit ihrem Fortgang aus Heiligengrabe festgesetzt.

Sophie Gräfin zu Dohna-Schlobitten

Den Rock gelüpft und dazu geknickst

Erinnerungen einer Schülerin an Schule und Internat in Heiligengrabe 1940–1942

In unserer Familie spielte „Heiligengrabe" eine große Rolle, dieser Name ist mir schon seit meiner Kinderzeit vertraut. Meine Mutter hatte dort ihre beiden engsten Freundinnen kennengelernt, und so stand es seit meiner Geburt fest, daß ich auch dort in die Schule gehen würde. Zu Ostern 1940 war es

Schülerin beim Briefeschreiben, zwischen 1940 und 1943

so weit – da mein Vater im Krieg war, brachte meine Mutter mich alleine hin. Ich hatte einige Schwierigkeiten, mich einzugewöhnen, da ich zuhause allein Privatunterricht gehabt hatte und die mir unheimlich groß erscheinende Gruppe von Mädchen, es waren etwa 90, mich völlig desorientierte.

In den ersten Tagen wurden wir bereits „eingekleidet", das bedeutete, daß wir von nun an, außer in den Ferien, stiftseigene Kleider tragen mußten. Aus praktischen Gründen waren sie sackartig geschnitten, so paßten die unterschiedlichst geformten Mädchenkörper hinein. Die Stoffe waren meist dunkel und häßlich bis auf die einigermaßen passable neueste Anschaffung, dunkelblaue Faltenröcke mit hellblauen Blusen, die auf Ausgängen getragen wurden. Der ganze Bestand war mindestens 10 bis 20 Jahre alt; es gab an besonderen Scheußlichkeiten die sogenannten „Blutwurstkleider", in denen sich die Farben einer deftigen mit Speck und Fleisch gefüllten Blutwurst zu einem Würfelmuster mischten, wie auch die sommerlichen Sonntagskleider in einem sehr kräftigen

Pink-Ton, die sogenannten „Bonbonkleider". Über den Kleidern hatte man stets schwarze Schürzen zu tragen, die wir mit Tinte beschmierten, wenn sie Flecken aufwiesen. Neben der bedrückenden Gleichförmigkeit war auch der Vorteil dieser Art von Uniform ersichtlich, daß nämlich niemand verspottet werden konnte, weil er nach der Meinung der den Ton angebenden Mehrheit nicht elegant genug angezogen war.

Sehr bald erkannte ich, wer die wichtigste Person des ganzen Stiftes war: ganz zweifellos die Äbtissin von Alvensleben. Sie war wohl nicht nur in meinen Augen hier ein „Hecht im Karpfenteich" – die anderen Stiftsdamen verblaßten neben ihr. Sie trat kräftig auf; wenn sie den Eßsaal betrat, erzitterte er unter ihren Schritten. Während der täglichen Abendandachten in der Kapitelstube übertönte ihre gewaltige Stimme den Gesang all der anderen hier versammelten fast

Dr. Margarete Grolmus im Physik/Chemie-Saal, 1934

hundert Personen. Sie konnte fürchterlich toben und erschreckend ungerecht sein, aber auch sehr zart und fürsorglich; man mußte sie fürchten und lieben.

Die einzige, die ihr Paroli bieten konnte, und das gelegentlich wohl auch tat, war unsere Schulleiterin, Fräulein Dr. Grolmus, eine Persönlichkeit mit Ecken und Kanten, aber von starker Ausstrahlung. Sie bevorzugte recht deutlich ihre Lieblingskinder, das waren vor allem die mathematisch und naturwissenschaftlich Begabten; wer nicht dazu gehörte wie ich, hatte es schwerer. Sie besaß ein unglaubliches Talent, sich selbst darzustellen, ja eigentlich sich zu zelebrieren, etwa wenn sie gleichen Situationen immer wieder mit den gleichen Redensarten begegnete: „Kikel-Kakel, setz Dich! Vier!" Oder wenn sie die Spitze ihres großen, flachen rechten Schuhes bedeutungsvoll in gemessenem Abstand aufhob und wieder zu Boden fallen ließ, dabei das Notenbüchlein betrachtete und die ganze Klasse in Atem hielt mit den leise gemurmelten Worten: „Berichte mir, Du, die Du da heißt...", dann plötzlich das

Büchlein zuklappte, eine von uns fixierte und mit dem Zeigefinger nachstechend den Namen des Opfers aussprach: „Alix!". Einmal sollte ich in einer ihrer Stunden einen Vortrag halten, und als ich so vor der Klasse stand, ritt mich der Teufel und ich begann sie zu imitieren, angestachelt von dem Lachen der Mitschülerinnen. Sie war klug genug, das zu negieren, aber als sie uns etwas später selbst die Noten bestimmen ließ und ich mich wohl aus falscher Bescheidenheit lieber für die niedrigere als für die bessere entschied, erklärte sie mir, eigentlich hätte sie mir eine 2 geben wollen, aber wenn ich das nicht so sähe, bekäme ich natürlich eine 3. Vielleicht war sie ja ein wenig rachsüchtig. Als Schulleiterin wurde sie 1942 gezwungen, in die NSDAP einzutreten. Aber schon 1941 hielt sie im weihnachtlich geschmückten oberen Schulflur – im Fenster ein Transparent mit dem Heiligengraber Stiftskreuz – eine Ansprache, in der sie die Gemeinsamkeit von Kreuz und Hakenkreuz zum Thema ihrer Rede machte. Ob das ihre Überzeugung war oder ob sie aus Angst vor Anzeigen, deren sie einige erlebt hatte, so handelte, wage ich nicht zu entscheiden.

In den ersten Pfingstferien fuhr ich zu Verwandten, und dort wurden wie später auch im Stift die Sondermeldungen über den siegreichen Frankreich-Feldzug mit großem Jubel aufgenommen. Wir stammten wohl alle aus deutsch-national gesinnten Elternhäusern, und unsere Lehrerinnen dachten wie wir. Für den größten Teil des deutschen Volkes war der Gedanke, daß mit diesem Sieg die „Schmach von Versailles" – so wurde der im Jahre 1918 den ersten Weltkrieg beendende Friede genannt – getilgt war, eine unbeschreibliche Genugtuung.

Als am 18. Juni 1941 Rußland überfallen wurde, umgab uns nicht so sehr das Gefühl der Begeisterung, es schien uns vielmehr, als ob der „Atem der Geschichte" uns anwehte, wir meinten, Zeugen ganz großer historischer, allerdings auch etwas unheimlicher Begebenheiten zu sein. Einige Tage später schrieben wir einen deutschen Aufsatz mit dem Thema: „Die Bedeutung des 18. 6. in der deutschen Geschichte", wozu uns noch einige andere auf dieses Datum fallende Ereignisse mitgeteilt wurden, darunter eine der siegreichen Schlachten Friedrichs des Großen. Die Sicht der Dinge war also eindeutig und vorgegeben, und ich glaube auch nicht, daß eine von uns diese Vorgaben anzweifelte. Wir waren eben doch alle treue, kleine Patriotinnen. Jedoch das Elend des Krieges erreichte uns bald, als die Nachrichten von den gefallenen Vätern und Brüdern eintrafen, schreckliche Momente, in denen sich das Mitleid mit den verzweifelten Mitschülerinnen und Freundinnen mischte mit der Angst um die eigenen Angehörigen.

Unser Leben blieb behütet und geborgen und von dem politischen Geschehen nur wenig beeinflußt. Neu war allerdings, daß wir in der Land- und Forstwirtschaft helfen mußten, weil so viele Männer eingezogen waren; es gab Tage andauernden Fichtenpflanzens und Kartoffelnbuddelns, für uns sehr vergnüglich, weil wir der Schule ein wenig entwischen konnten. An diese Arbeiten erinnere ich mich nur aus meiner ersten Stiftszeit, später müssen sie wohl von Kriegsgefangenen oder Zwangsarbeiterinnen aus dem Osten verrichtet worden sein. Die Ernährung wurde zunehmend schlechter; die an sich wenig einladenden ganz dünn mit Quark oder Marmelade beschmierten Pausenbrote, die sich wegen der Austrocknung wölbten, waren heiß begehrt und man hörte häufig den Ruf: „Wer schenkt mir eine Schnitte, ich verhungere, bitte, bitte!" Vom Verhungern war natürlich keine Rede, aber richtig satt wurden wir selten, und die wenig nahrhaften Mahlzeiten hielten nicht lange vor. Ursprünglich waren von den Eltern geschickte „Freßpakete" verboten gewesen, aber jetzt wurden sie geduldet, weil wenigstens einige Kinder etwas davon hatten, denn selbstverständlich aß niemand die guten Dinge alleine auf, sondern wir feierten heimlich nachts mit den Freundinnen.

Diese Duldung war um so erstaunlicher, als eigentlich eine außerordentlich rigide Hausordnung herrschte und Verstöße dagegen genau registriert und streng geahndet wurden. Es gab blaue Hauszeugnishefte, in welche die Hausdamen während der Woche Striche und Tadel eintrugen, je nach der Schwere der begangenen Missetaten oder Unterlassungen. Ein schlecht gemachtes Bett ergab einen Strich, ebenfalls Unordnung und unbotmäßiges Verhalten jeglicher Art; für das Betreten der den Damen vorbehaltenen Treppe erhielt man einen Tadel wie auch für Beschädigungen von Stiftseigentum, die eigene Kleidung eingeschlossen. Drei Striche kamen einem Tadel gleich, so war am Sonnabend oft ein größeres Sündenregister zusammengekommen, wenn wir uns nach Schlafsälen geordnet, die Schlafsaalsälteste am Schluß, vor dem Zimmer der Äbtissin einfanden, um die Haushefte abzuholen. Man ging hinein, knickste und erhielt im günstigen Fall sein Heft mit einigen freundlichen Worten, wonach man rückwärts, den Blick auf die Äbtissin gerichtet, den Raum zu verlassen hatte. Es konnte aber auch geschehen, daß einem das Heft entgegen geschleudert wurde, und manchmal hörten die zitternd vor der Tür wartenden Kinder gewaltige Schimpfkanonaden, vermutlich ein Versuch, diejenigen zu erreichen, die sonst nicht zu beeindrucken waren.

Selbstverständlich galt auch für uns die Pflicht zur Mitgliedschaft in der Hitlerjugend. Dieses Problem wurde sehr elegant gelöst, das Stift bildete selbst eine größere Einheit des Bundes der „Jungmädel" unter der Leitung einer unserer Erzieherinnen, Treuhilde Schmidt. So fand der Dienst wie auch sonst überall im Reich an einem Nachmittag der Woche statt;

wir trugen sogar Uniform, aber dann gab es keine NS-Indoktrinationen, sondern wir sangen Volkslieder, sogar „Meerstern, ich dich grüße, o Maria hilf!“, und spielten in der großen Gruppe vergnügliche Spiele; auch der für die Reichsjugendwettkämpfe notwendige Sport kam zu seinem Recht. Der Sport, in der Zeit des Nationalsozialismus stark gefördert, spielte überhaupt eine große Rolle, es gab heftige Völkerball- und Schlagballkämpfe, auch in der Freizeit. Eine Zeit lang lebte sogar eine Tennis-Trainerin im Stift, die uns unterrichtete und Turniere veranstaltete. Dabei spielte ich einmal im Doppel mit der Äbtissin, und als wir beide auf den gleichen Ball zustürzten und zusammenstießen, konnte ich ihr natürlich nicht standhalten, fiel hin und schlug mir tüchtig die Knie auf, woraufhin ich Gelegenheit hatte, ihre rührende Fürsorge zu spüren.

In diesen frühen Kriegsjahren war es offenbar noch möglich, einiges für unsere Bildung zu tun. Es gab eine Schülerinnen-Bibliothek unter der Leitung der Schulleiterin, hauptsächlich mit den großen historischen Romanen des 19. Jahrhunderts bestückt, also „Die Ahnen“ von Gustav Freitag und „Ein Kampf um Rom“ von Felix Dahn. Daß Gustav Freitags „Soll und Haben“ uns zu einem latenten Antisemitismus erzog, ist mir erst später klar geworden. Wir waren der Heldenverehrung sehr zugeneigt, und es gab viele Gespräche im Schlafsaal, ob wir den strahlenden Totila oder den umschatteten, tragischen Teja bevorzugten. Auch im Deutsch-Unterricht ging es häufig um Helden, so lernten wir ein Gedicht von Münchhausen auswendig, „Volkers Nachtgesang“ oder so ähnlich, in dem der mörderische Held Hagen wegen seiner Lehnstreue verherrlicht wird. Erst viel später ist mir aufgefallen, daß der Vorrang der Treue, damals natürlich zu „Führer und Volk“, vor moralischen Regungen, sogar vor einem hinterhältigen Mord, eigentlich ein fürchterlicher Bestandteil der Nazi-Ideologie war.

Die Deutschlehrerin, Fräulein Leppin, die uns dieses Gedicht lernen ließ, war gewiß keine „Nazisse“, sie hat im Gegenteil selbst Schwierigkeiten mit dem Regime gehabt; weil sie sich als überzeugte Christin weigerte, der NSDAP oder der NS-Frauenschaft beizutreten. Man kann also davon ausgehen, daß für große Teile unseres Volkes wie auch für den Dichter selbst die Treue mehr bedeutete als christliche oder humanistische Ethik und daß damit eine Tür für die Ideen der Nazis geöffnet war.

An moderner Literatur gab es die Buchreihe einer Baltin, Mia Munier-Wroblewska, „Hier unter dem wechselnden Mond“, in der es um die Geschichte einer baltischen Familie in der Folge der Generationen ging. Diese Dame kam auch einmal zu einer Lesung ins Stift, ebenso wie Eckart von Naso, der aus seinem damals sehr bekannten Buch „Der Rittmeister“ vorlas. Als oberste Klasse machten wir mit unserer Klassenlehrerin Dr. Grolmus eine Kunstreise an die Ostsee nach Kühlungsborn, sahen Wismar und Rostock und auch die schöne Kirche in Doberan, alles unvergeßliche Erlebnisse, allein schon aus dem Grunde, daß die großen Stadtkirchen bald danach zerstört wurden und es fast 50 Jahre dauerte, bis ich diesen Teil unseres Landes wieder besuchen konnte.

Am meisten wurde wohl für unsere musikalische Bildung getan. Wir hatten eine sehr gute Musiklehrerin, Fräulein

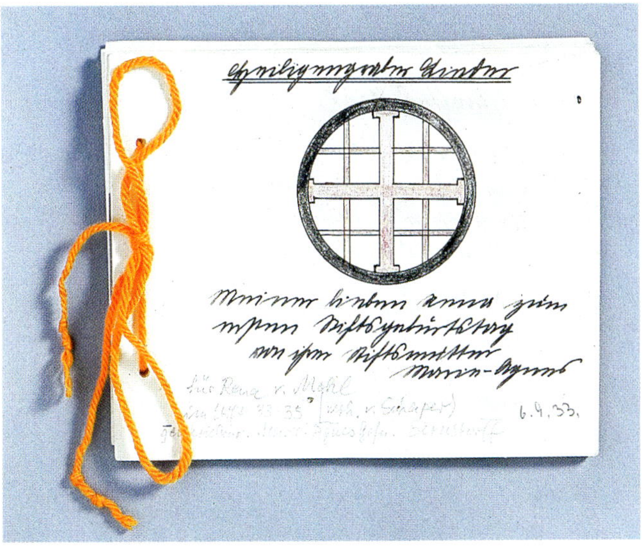

Liederheft für Rena von Mohl von Marie-Agnes Gräfin von Bernstorff, 1933

Boegle, die mit uns Kanons sang und Chorsätze einübte, uns aber auch in die Musikliteratur einführte. Dazu verhalfen auch die häufigen Konzerte ihrer Musikschülerinnen, sowie die Konzerte, die sie mit der früheren Musiklehrerin Fräulein Kullak zusammen gab. Einmal erschien sogar der Pianist Günter Weinert aus Berlin und erklärte uns mit Hilfe des Klaviers den „Ring“, das dauerte mehrere Abende und war sehr aufregend. Der junge Ernst-Ulrich von Kameke, damals nur zwei bis drei Jahre älter als wir, dirigierte mit Hilfe von Fräulein Boegle unseren Chor, in welchem wir einen von ihm komponierten Kanon sangen. Der absolute Höhepunkt aller Heiligengraber Erlebnisse war der Besuch des „Figaro“ im Berliner Opernhaus während des Winters 1940/41. Unsere Musiklehrerin hatte uns gründlich vorbereitet; da unsere Schule nicht einmal einen Plattenspieler besaß, hatte sie uns alle großen Arien am Klavier vorgesungen und einige der Cherubino-Arien sogar mit uns eingeübt. Als wir dann in unseren besten Stiftskleidern, den blauen Faltenröcken mit hellblauen Blusen, in der Oper erschienen, bildeten wir selbst eine kleine Sensation; viele Menschen drehten sich nach uns um. Dann begann die Musik, und ich vergaß die Welt. Es hat fest zehn Jahre gedauert, bis ich wieder in einer Oper war; dadurch ist dieses Erlebnis so einmalig und herausgehoben.

Unser immer noch sehr behütetes und stark von den christlichen Traditionen wie auch dem Ablauf des Kirchenjahres geprägtes Leben veränderte sich langsam, nachdem Heiligengrabe wie alle anderen noch freien Privatschulen im Januar 1942 durch eine Verfügung dem Verband der SS-Heimschulen unterstellt wurde. Unsere Klasse wurde bereits Ostern 1942 entlassen, so haben wir davon nur noch wenig gemerkt. Neu war, daß wir bei jeder Gelegenheit die Hand zum Hitlergruß heben mußten, sogar in den merkwürdigsten Situationen. Unsere Schlafsaalsdamen hatten die Aufgabe, an jedem Morgen zu überprüfen, ob wir richtig angezogen und ordentlich gekämmt waren. Zu diesem Zweck mußten wir uns vor ihnen drehen, knicksen und ihnen „Guten Morgen“ wünschen. An kühlen Tagen des Frühjahres wurde angeordnet, daß alle Kinder Wollhosen zu tragen hätten, also mußten wir beim Knicksen noch mit einer Hand den Rock heben und unsere Wollhose zeigen. Da es jetzt statt „Guten Morgen“ „Heil Hitler“ hieß, wurde nun bei dieser Prozedur der rechte Arm gehoben, mit der linken Hand der Rock gelüpft und dazu geknickst – es muß unbeschreiblich grotesk ausgesehen haben! Das war einigen von uns schon damals durchaus bewußt.

Der Abschied von Heiligengrabe zu Ende des Schuljahres war schmerzlich, denn trotz all der oft unbegreiflichen Strenge war eine starke Verbundenheit mit dem Stift entstanden; und doch lockte der neue Lebensabschnitt, das Weiter-Lernen, das Abitur. Für die späteren Generationen von Stiftskindern wurde das Leben schwieriger, die Schülerinnen der Oberstufe mußten schließlich sogar Monate lang Kriegshilfsdienst leisten, zuerst bei Bauern in einem Dorf hinter Posen, und später hatten sie in der Nähe von Küstrin Gräben zur Abwehr von Panzern auszuheben. Auch in Heiligengrabe selbst gab es häufig Tiefflieger- und Bombenalarm, und das Stift füllte sich mit Flüchtlingen. So waren wir wohl der letzte Jahrgang, der noch ein Stiftsleben führen konnte, das dem bisher Üblichen einigermaßen entsprach.

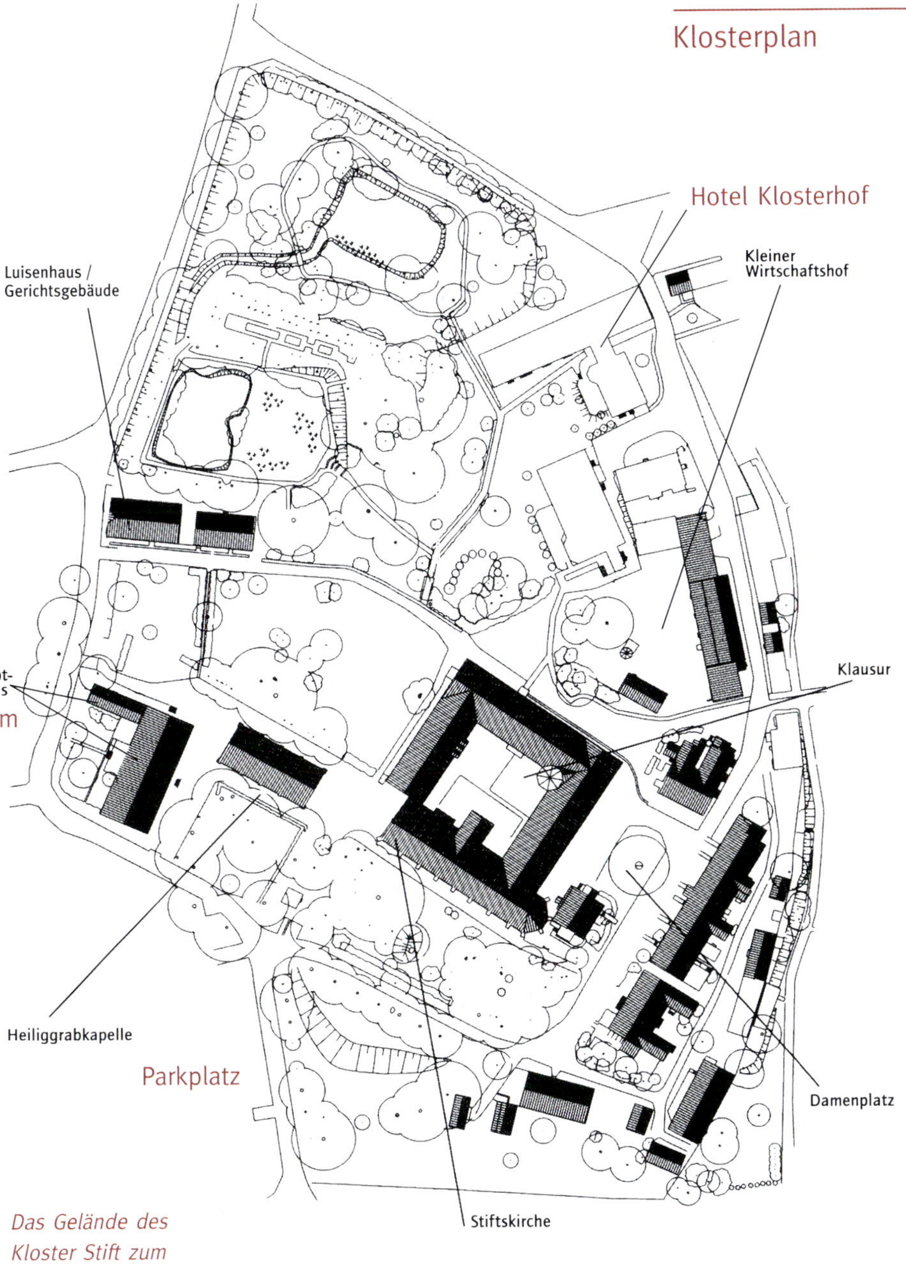

Das Gelände des Kloster Stift zum Heiligengrabe mit den weitgehend erhaltenen Klostergebäuden

Das Kloster Stift zum Heiligengrabe

Der „Kaiserturm" ist ein Zeichen der Verbundenheit der Kaiserfamilie mit dem Kloster. Wilhelm II. ermöglichte 1904 den Bau.

Die Klosteranlage gehört zu den besterhaltenen Anlagen im Land Brandenburg und ist seit 1998 als Denkmal nationaler Bedeutung anerkannt. Zusammen mit dem Bund und dem Land Brandenburg beteiligt sich die Deutsche Stiftung Denkmalschutz seit 1996 dank großzügiger Spenden und aus Mitteln der GlücksSpirale an der Sanierung der Klausur mit dem Kaiserturm, der Stiftskirche, der Wulffenkurie am Damenplatz und des ehemaligen Stiftshauptmannshauses.

Nicht nur die Arbeiten am Kaiserturm (Abbildungen aus dem Jahre 2002 und 1996, unten) stellten hohe Anforderungen an die Schwammsanierung. Bis zum März 2000 konnte die Instandsetzung der Dächer am Nord- und Ostflügel der Klausur erfolgen. Im Jahr 2001 folgte die Sanierung des ehemaligen Stiftshauptmannshauses mit der Fassadeninstandsetzung und der Restaurierung der Innenräume nach dem Zustand von 1838.

An drei Seiten wird die Anlage des Kloster Stift zum Heiligengrabe von der historischen

Die Heiliggrabkapelle von 1287 liegt als Wallfahrtskapelle außerhalb der eigentlichen Klausur. Im 16. Jahrhundert erweitert, wurde der 1840 sanierte Bau 1903/04 neu ausgestattet.

Klostermauer umschlossen. Das Zentrum bilden die Klausur und der Gründungsbau des Klosters, die Heiliggrabkapelle. Die Klausur wurde Ende des 13. bis Anfang des 15. Jahrhunderts errichtet und im Laufe der Jahrhunderte mehrfach umgestaltet. An der Südseite grenzt die ehemalige Nonnenkirche und heutige Stiftskirche an. Als schlichte Saalkirche ist sie im Osten mit fünf Seiten eines Achtecks geschlossen und war ursprünglich mit einer hölzernen Nonnenempore versehen, die sich über die fünf westlichen Joche erstreckte.

Auf der Ostseite der Klausur entstanden ab 1722 Kurienhäuser für die Stiftsdamen. Die zweigeschossigen Fachwerkreihenhäuser begrenzen den Damenplatz an vier Seiten und stellen bis heute ein einmaliges architektonisches Ensemble dar. Im 19. Jahrhundert wurde der kleine Wirtschaftshof des Klosters durch einen großen Wirtschaftshof ergänzt, und der Verwalter des Damenstifts bezog das unmittelbar daran angrenzende neu errichtete Stiftshauptmannshaus, das heutige Museum.

Chronologie

zur Geschichte des Kloster Stifts zum Heiligengrabe

1287 Ein Zisterzienserinnenkloster wird durch Markgraf Otto V. mit Unterstützung des Bischofs Heinrich von Havelberg „bei dem Dorfe Techow" gegründet.

1289 Zwölf Nonnen kommen aus dem Kloster Neuendorf in der Altmark nach Heiligengrabe.

Ende 13. bis 15. Jahrhundert Bau von Kirche und Klausur. Zuerst wird der Westflügel mit Dormitorium und Kapitelsaal errichtet, danach folgt der Ostflügel als Wirtschaftstrakt und abschließend der Nordflügel mit dem Refektorium. Der Bau der Kirche ist Mitte des 14. Jahrhunderts mit der Einwölbung abgeschlossen.

1512 Äbtissin von Rohr weiht den Neubau der spätgotischen Heiliggrabkapelle.

1532 Der 12teilige Legendenzyklus mit der Gründungsgeschichte des Kloster Stifts zum Heiligengrabe wird fertiggestellt. Sieben Tafeln der Legende sind heute noch erhalten.

1539 Kurfürst Joachim II. führt die Reformation in Brandenburg ein.

1548 Das Kloster Heiligengrabe wird evangelisch. Die Nonnen unter ihrer Äbtissin Anna von Quitzow verweigern vorerst ihre Zustimmung und fliehen. Im darauffolgenden Jahr kehren sie in das „adelige Fräuleinstift" zurück.

1636 Während des Dreißigjährigen Krieges werden Teile des Klosters durch Brände und Verwüstungen stark in Mitleidenschaft gezogen. Die Klosterfrauen fliehen nach Wittstock. Nach Kriegsende kehren acht Klosterfrauen mit der Domina Anna von Rathenow zurück.

1714 Das Kloster erhält neue Statuten, die der Domina und den Damen weitgehende Rechte einräumen.

1719 Bei einem Brand werden Teile des Ostflügels der Klausur und die Kirche stark beschädigt.

1722 Unter Domina Maria von Juggard erfolgt die Grundsteinlegung für die Häuser der Stiftsdamen am Damenplatz.

1740 Friedrich II. erhebt das Kloster zum Damenstift und verleiht den Orden „Par grace". Der Titel „Domina" wird durch den der „Äbtissin" ersetzt.

1838 Das Stiftshauptmannshaus (heute Museum) wird auf den Fundamenten eines Vorgängerbaus errichtet.

1840 Friedrich Wilhelm IV. veranlaßt die Sanierung der Heiliggrabkapelle, die seit der Reformation als Kornspeicher diente.

1847 Äbtissin Luise von Schierstedt gründet eine Erziehungsanstalt für „Mädchen aus verarmten adeligen Familien". Die Schul- und Klassenräume werden im Ost- und Nordflügel der Abtei eingerichtet. Weitere karitative Einrichtungen, wie ein Waisenhaus und eine Armenspeisung werden gegründet. Friedrich Wilhelm IV. führt einen neuen Stiftsorden, das Kreuz des Heiligen Grabes von Jerusalem, ein.

1853 Das Kloster wird dem Evangelischen Oberkirchenrat (EOK) unterstellt und erhält neue Statuten.

1904 Wilhelm II. veranlaßt die Ausmalung und Ausstattung der Heiliggrabkapelle und nimmt an der Wiedereinweihung teil.

1909 Äbtissin Adolphine von Rohr unterstützt die Gründung eines Heimatmuseums im Kloster, das von Paul Quente geleitet wird. Es wird ein „Heimat-und Museumsverein" gegründet, der 1914 schon 800 Mitglieder zählt.

1926 Die Unterrichtsräume der Stiftsschule werden in das Stiftshauptmannshaus verlegt.

1933-1945 Die Nationalsozialisten versuchen die kirchliche Internatsschule mit etwa 100 Schülerinnen in eine ihnen unterstellte Heimschule umzuwandeln, was verhindert werden kann.

1945 Äbtissin Armgard von Alvensleben flieht gemeinsam mit den letzten Schülerinnen nach Westen. Acht Stiftsdamen bleiben in Heiligengrabe.

1946 Das Kloster wird zur neuen Heimat der aus Oberschlesien vertriebenen Diakonissen des „Friedenshortes".

1952 Pastorin Ingeborg Maria Freiin von Werthern (Amtszeit 1952–1995) wird in das Amt der Äbtissin eingeführt.

1987 700-Jahr-Feier im Kloster Stift. Das Gästehaus (heute: Hotel Klosterhof) wird eingeweiht.

1996 Ein neuer Konvent wird ins Leben gerufen. Zwei Stiftsdamen werden eingeführt.

Seit 1998 Das Kloster Stift zum Heiligengrabe wird als Denkmal von nationaler Bedeutung anerkannt. Die Diakonissen ziehen aus der Klausur und Damenplatz aus und die Sanierung der Gesamtanlage des Kloster Stiftes beginnt.

2000/2001 Das Stiftshauptmannshaus wird saniert und als Museum eröffnet.

2001 Dr. Friedrike Rupprecht übernimmt nach sechsjähriger Vakanz das Amt der Äbtissin.

Archivverzeichnis

GStA PK – Geheimes Staatsarchiv, Preußischer Kulturbesitz, Berlin
BLHA – Brandenburgisches Landeshauptarchiv, Potsdam
StAH – Archiv des Kloster Stifts zum Heiligengrabe
EZA – Evangelisches Zentralarchiv Berlin

Ausgewählte Literatur
zum Kloster Stift zum Heiligengrabe

Badstübner, Ernst: Kloster Stift zum Heiligengrabe, Große Baudenkmäler 422, 5. Auflage, Berlin 2000.

Kieckebusch, Werner von: Chronik II des Klosters „Zum Heiligengrabe“, Manuskript im Stiftsarchiv Heiligengrabe o. J.

Klumpp, Katharina: Kloster Stift zum Heiligengrabe, Berlin 1977.

Mohn, Claudia: Das Zisterzienserinnenkloster Heiligengrabe. Beobachtungen zur mittelalterlichen Baugeschichte eines Frauenklosters, in: Schumann, Dirk: Zisterziensische Architektur im Kontext weltlicher Macht, Studien zur Geschichte, Kunst und Kultur der Zisterzienser, Band 4, Berlin 2001.

Neese, Nora: Evangelisches Damenstift Heiligengrabe, Berlin 1994.

Neese, Nora (Hrsg.), im Auftrag von alten Stiftskindern: Stift Heiligengrabe, Ein Erinnerungsbuch, Teil I–V, Salzgitter 1992–2001 (Selbstverl.).

Röper, Ursula / Oelker, Simone / Reuter, Astrid (Hrsg.), im Auftrag des Kloster Stifts zum Heiligengrabe: Preußens FrauenZimmer, Katalog zur Ausstellung, Berlin 2001.

Simon, Johannes: Kloster Heiligengrabe, Teil 1: Von der Gründung bis zur Einführung der Reformation 1287–1549, in: Jahrbuch für Brandenburgische Kirchengeschichte 24, 1929, S. 3–136.

Strohmaier-Wiederanders, Gerlinde: Untersuchungen zur Gründungslegende von Kloster Heiligengrabe, in: Jahrbuch für Berlin-Brandenburgische Kirchengeschichte 57, 1989, S. 259–275.

Abbildungsnachweis

Titel: Ansicht der Heiliggrabkapelle von Osten, 2002, Marie-Luise Preiss. Bildnisse der Äbtissinnen von Schierstedt, von Rohr, von Saldern, von Alvensleben: Kloster Stift zum Heiligengrabe, Hagen Immel, Potsdam

Rückseite: Ansicht von Klausur und Kirche von Nordwesten, 1906, Kloster Stift zum Heiligengrabe

Gegenüber Inhalt: Ausschnitt aus „Einführung einer Stiftsdame in der Heiliggrabkapelle“, Blanca von Hagen, 18. 10. 1862

Brandenburgisches Landesamt für Denkmalpflege und Archäologisches Landesmuseum Wünsdorf, D. Sommer: S. 39

Brandenburgische Museumsblätter 1927: S. 33

Deutsche Stiftung Denkmalschutz, Projektakte: S. 68 u; Marie-Luise Preiss: Titelhintergrund, S. 10, 67, 68 o, 69

Büro Dr. Jacobs & Hübinger, Berlin, Grundlagen Klosterplan: S. 26

Kloster Stift zum Heiligengrabe: S. 30, 31, 46, 48, 49, 51, 53, 60, 61; Fotograf Hagen Immel; Potsdam: S. 4, 11–15, 17, 19–21, 24, 28, 36, 42, 44, 45, 56, 58, 65

Mitteilungen des Heimat- und Museumsvereins in Heiligengrabe. 9. Jg. Heft 1/2: S. 37. Dto. 13. Jg. 1930: S. 40–41

Privatbesitz: S. 35